KB235835

바보들은 항상 문제가 뭔지도 모른다

자넷 A. 그리버 · 미첼 W. 보드리 지음 / 송경근 옮김

한 언 HANEON.COM

바보들은 항상
문제가 뭔지도 모른다

펴 냄	2003년 8월 1일 1판 1쇄 펴냄 / 2003년 8월 20일 1판 2쇄 펴냄
지은이	자넷 A. 그리버 · 미첼 W. 보드리
옮긴이	송경근
펴낸이	김철종
펴낸곳	(주)한언
	등록번호 제1−128호 / 등록일자 1983. 9. 30
주 소	서울시 마포구 신수동 63−14 구 프라자 6층(우 121−854)
	TEL. 02-701-6616(대) / FAX. 02-701-4449
책임편집	신혜진 hjshin@haneon.com
디자인	김희림 hrkim@haneon.com
홈페이지	www.haneon.com
e-mail	haneon@haneon.com

이 책의 무단전재 및 복제를 금합니다.
잘못 만들어진 책은 구입하신 서점에서 바꾸어 드립니다.
ISBN 89-5596-091-3   03320

바보들은 항상
문제가 뭔지도 모른다

OH NO! NOT ANOTHER PROBLEM

생각은 문제의 진실이 무엇인지를 알려주고,
당신이 어떻게 행동할지를 알게 해준다.

C O N T E N T S

우리 개가 시끄럽다고?

퇴직, 그 새로운 시작

애인이 필요요해

C O N T E N T S

어디서부터 어떻게 해결할 것인가?

당신은 얼마나 자주 "맙소사! 똑같은 문제잖아?"라는 말을 하는가? 그렇지만 똑같은 것을 놓고도 문제를 하나 더 해결해야만 한다면서, 혹은 결정을 하나 더 내려야만 한다고 지레짐작하면서 문제에 압도되는 경우도 많다. 어떤 때는 문제가 있다는 것을 알면서도 아무것도 하지 않고 시간을 보내기도 하고, 또 어떤 때는 과거의 경험에 의존해서 성급하게 결정을 내리기도 한다. 어려운 문제에 맞닥뜨렸을 때, 혹은 어디서부터 어떻게 문제를 해결해야 할지 몰라 막막할 때 마치 화학 교과서처럼 문제를 해결할 수 있는 측정가능한 해답이나 공식을 찾아볼 수 있는 교과서가 있다면 참 이상적일 것이다.

그렇지만 개인의 문제는 개별적인 특수성을 지니고 있기 때문에 모든 문제에 딱 들어맞는 공식을 발견하는 것이 그리 쉽지는 않다. 비록 당신의 모든 문제들에 대한 해결책을 보장할 적확한 공식은 아니겠지만, 이 책은 운용분석(operational analysis : 추상적이고 개념적이며 주관적인 분석이 아닌, 구체적이고 실질적·객관적인 분석―옮긴이)이라는 기본적이고도 객관적인 프로세스를 제공하고 있다. 이 분석법은 매일매일 일어나는 일상적 범주의 문제나, 혹은 갑자기 닥친 익숙하지 않은 범주의 문제를 해결하는 데에 적용할 수 있기 때문에 당신이 무언가 문제에 봉착했을 때 유용하게 사용할 수 있다.

운용분석은 모호하고 막연한 언어로 기술된 문제들을 누가, 무엇을, 언제, 어디서, 어떻게, 왜, 그리고 얼마나(who, what, when, where, how, why and costs)와 같은 측정가능한 차원으로 변환시켜준다. 즉, 운용분석은 체계화된 사실들의 집합이다.

이 책을 읽고 운용분석 프로세스를 실행하면, 당신은 다음과 같은 능력을 증진시킬 수 있을 것이다.

―감정적인 언어를 걸러내는 과정에서 주관적인 느낌이나 편

향된 의견을 극복할 수 있는 객관성을 획득한다.

−문제와 원인을 명확히 파악할 수 있으며, 그 증상에 현혹되
지 않는다.

−자기 자신, 상황, 그리고 당신과 커뮤니케이션을 하는 사람
들에 대해 더 큰 통제력을 획득한다.

−모든 데이터를 수집할 만한 시간이 없을 때에는 최소한의
정보로 빠르고도 올바른 의사결정을 내린다.

이야기 미리보기

이 책에는 6가지의 이야기가 실려 있다. 이야기는 각기 다른
사람들이 '문제를 분석하고 해결하기 위한 10단계 가이드
(15page 참고)' 로 요약되는 운용분석 프로세스를 어떻게 응용하
는지를 보여준다. 본격적인 내용에 들어가기 전에 간략하게 6개

이야기를 소개하고 넘어가도록 하겠다.

　　첫번째 이야기에서 당신은 조지 *George*를 만나게 된다. 조지
는 그와 자신의 개에 대해 이웃 주민이 제기한 불만이 옳지 않다
는 것을 증명하기 위해 객관적인 데이터를 수집하는 방식으로 운
용분석을 사용한다. 조사과정에서 자신의 개가 짖는 행동이 정
말로 이웃에 폐가 된다는 사실을 발견할 수도 있었지만, 조지는
그런 위험을 감수하면서 조사에 착수한다.

　　두번째 이야기는 바바라 *Barbara*와 게리 *Gary*의 이야기다. 그
들은 일찍부터 퇴직 이후의 생활을 계획했고, 안정되고 즐거운
노후를 보내려는 생각에 고대하고 있었다. 그런데 두 가지의 예
기치 못한 일이 생기면서 기존에 세웠던 퇴직계획을 재고해야만
했다. 이 이야기는 그들이 얼마나 융통성 있는지를 잘 보여 준다.
그들은 어떤 것이 가장 이익을 많이 낼 수 있는가에 따라 기존의
생각을 수정할 수도 있다고 생각한다. 다시 말하면, 그들은 변화
를 두려워하는 것이 아니라 오히려 변화를 기회로 이용할 준비를
한 것이다.

이상적인 남자를 학수고대하고 있는 일레인 *Elaine*은 세번째 이야기의 주인공이다. 그녀가 '내가 남자에게 바라는 것은 무엇인가'를 분석하는 과정을 보면 그녀에게는 모호한 용어를 사용하는 경향이 다분하다는 것을 알 수 있다. 그녀는 하나의 모호한 용어를 또 다른 모호한 용어로 대치하는 식으로 문제를 바라본다. 여기서 모호한 언어란 문제를 분석하고 해결하는 데에 사용할 수 없는 비운용차원의 *non-opertional* 언어를 의미한다. 구체적이고 명확한 언어를 구사한다는 것은 그녀 자신에 대한 일종의 도전이었고, 이는 그녀에게 너무나 어려운 일이었다. 그녀는 측정가능한 데이터들을 보면 자신의 판단에 의문이 생길까 봐 자신이 그러한 데이터들에 저항하고 있다는 것을 차츰 깨닫게 된다. 운용분석을 통해 수집한 데이터는 그녀가 냉정한 현실을 직시하도록, 그리고 그녀가 안주하고 있는 자기만의 판타지에서 벗어나도록 도왔다.

"내가 원하는 거니까 해주세요"라는 말은 네번째 이야기의 토대다. 마이크 *Mike*는 11살 난 아이인데, 부모에게 말을 사달라고 조른다. 마이크가 그런 요구를 하는 바람에 그의 부모는 마이크에게 중요한 사실을 가르칠 기회를 얻게 되었다. '내가 원한다'라는 이유 하나만으로는 자신의 요구를 상대방에게 충분히 설명할 수 없으며, 또 요구사항을 관철시키기도 어렵다는 것을 말이다. 정말 원하는 것을 얻기 위해서는 '내가 원한다'를 뒷받침할 만한 사실적인 정보가 필요하다.

다섯번째 이야기는 어느 독립은행 *independent bank*의 지점장인 스콧 *Scott*에 관한 이야기다. 훨씬 더 큰 금융기관이 그 은행을 인수한 후 새로운 정책과 절차가 생겨났고, 이는 스콧의 재무적 권한을 약화시켰다. 스콧은 은행에 더 남아 있어야 할지, 혹은 그만두어야 할지를 결정해야 했고, 그러기 위해서는 자신의 상황을 명확하게 평가해야만 했다.

여섯번째 이야기는 수잔 *Susan*의 이야기다. 그녀의 남편은 갑작스레 사망했고, 그녀는 너무나 충격을 받아 그러한 현실을 인정할 수가 없었다. 더군다나 그녀의 남편과 그의 동업자가 그녀에게 여태껏 알리지 않았던 사업적 문제와 개인적인 재무문제를 처리해야만 했기 때문에 정신적인 동요는 더욱 커졌다. 그녀는 어떠한 연유로 그 문제가 발생했는지 알 도리가 없는 상황에서 부득불 어떻게든 빨리 결정을 내려야 했다.

『이 이야기에 등장하는 모든 캐릭터와 통계수치는 허구다. 생존하고 있든 그렇지 않든 실재 인물과 유사점이 있다면 그것은 순전히 우연의 일치일 뿐이다.』

문제를 분석하고 해결하기 위한
10단계 가이드

이 가이드는 운용분석 프로세스를 더 쉽게 적용하려고 고안한 것이다. 운용분석은 모호하고 막연한 언어로 표현되는 문제들을 구체적인 특징을 가진 체계화된 사실의 집합체로 변환시킨다. 그리고 무엇이 진짜 문제인지, 그 문제의 원인은 무엇인지, 그리고 어떻게 하면 해결할 수 있는지를 규명한다.

각 단계를 밟아 가면서, 특정 단계에서는 발견할 수 없었던 데이터들을 나중 단계에서는 발견하는 경험을 할 수 있을 것이다. 단계의 순서는 직면한 문제의 복잡성에 따라 융통성을 가지고 유동적으로 변화시켜 사용할 수 있다.

1단계 : 문제가 있을지도 모른다는 것을 인정하기

- 당신은 어쩌면 당신에게 불만의 말을 쏟아내는 사람을 만날 수도 있고, 적개심 가득한 편지를 받을 수도 있다. 또한 당신 자신이 설정한 개인적 기준들이 만족스럽지 않다는 것을 깨달을 수도 있다. 그리고 어떤 사람이 당신을 위해 특정한 행동을 해주기를 바란다면, 그런 당신의 '필요'를 논리적으로 설명해야 할지도 모른다. 또 현재나 미래의 계획에 차질을 빚는 예기치 않은 일련의 사건들을 경험할 수도 있다.
- 문제에는 사람, 절차, 혹은 시스템이 포함될 수 있다.

2단계 : 배경 요소를 분석하고 문제를 문장으로 기술하기

- 문제와 관련된 사실 *facts*, 의견 *opinions*과 같은 입수가능한 모든 배경 요소에 대해 체계적인 조사를 실시한다.
- 수집한 정보를 검토하여 사실과 의견으로 분류한다. 확보한 정보 중에 사실이 더 많을 경우에는 더욱 구체적으로 문제를 기술할 수 있게 된다. 문제를 구체적으로 기술할수록

문제해결이 수월해진다.

- 비록 형용사, 부사, 일반명사 등을 사용한 모호하고 막연한 (비운용차원의) 방식이라 해도 일단 문제를 문장으로 기술한다.

- 문제를 기술한 문장에서 모호하고 막연한 용어를 찾아 리스트로 정리한다.

3단계 : 문제의 존재를 확인하고 증명할 데이터 수집하기

- 스스로에게 누가, 무엇을, 언제, 어디서, 어떻게, 왜, 그리고 얼마나 같은 질문을 한다. 이러한 질문은 문장을 구체적으로 만들어주며, 사실적 요소들을 드러낸다.

- 일어나야만 하는 사건과 실제로 일어난 사건 사이의 차이 (편차, deviation)를 명확히 하기 위해 수집한 데이터를 활용한다.

- 운용분석 과정에서 드러난 편차가 통계적·개인적·객관적인 기준에 의해 설정되는 것처럼 의미심장하게 느껴진다면, 당신은 문제가 있음을 식별하고 증명한 것이다.

- 만약 이 시점에서 그 편차를 명확하게 할 수 없다면 다음의 4단계로 넘어간다.

4단계 : 추가적인 데이터 수집하기

- 이전에 수집한 데이터를 세밀하게 구별한 다음 새로 수집한 데이터와 통합한다. 통합한 데이터에서는 무엇이 편차를 일으키는지 드러났는가? 그렇지 않다면 편차의 원인을 찾기 위해 5단계와 6단계로 넘어간다.
- 지금까지의 과정에서 옵션(option : 선택지)을 만들고 선택할 때 사용할 만한 데이터를 발견했을 것이다.
- 추가적으로 수집한 데이터는 복수의 문제가 있다는 것을 드러낼지도 모르지만 다른 문제가 나타났다고 해도 주요 문제의 일부분이 아니라면 지금 풀려고 애쓰지 않아도 된다.

5단계 : 수집한 데이터를 재검토하고 요약하기

- 수집할 수 있고 분석할 수 있는 모든 데이터를 검토한다.

빼놓은 것이 있거나 사용할 수 없다고 판단한 데이터가 있
다면 따로 리스트를 작성해놓는다. 정보를 운용차원으로
정의한다(정보를 수집하는 데 필요한 시간, 비용, 그리고 자원
등을 확정한다).

- 요약한 결과, 예상했든 그렇지 않든 데이터가 어떤 패턴이
나 경향을 드러내는가?
- 수집한 데이터와 정보의 완성도, 정확도는 매우 중요하다.
완성도와 정확도가 떨어지면 문제의 증상을 문제의 원인으
로 판단하는 실수를 범하게 되기 때문이다. 그러면 결국 문
제해결법은 틀릴 것이며, 올바르고 적당한 행동을 하지 못
할 것이다. 그리고 그것보다 더 나쁜 것은 그 문제가 재발
하게 된다는 것이다.

6단계 : 데이터 평가하기

- 이 단계에서는 문제의 원인이 명확해진다.
- 진짜 문제와 원인을 규정할 수 있을 만큼 정확하고 측정가
능한 용어로 데이터를 요약했는가?

- 문제를 재정의해야만 하는가? 그렇다면 3단계로 돌아가라.

- 수집한 데이터를 평가하다 보면 예상치 않은 결과가 드러날지 모른다. 수집한 데이터가 진짜 문제와 원인이 무엇이라고 하든지 유연한 태도로 받아들일 필요가 있다. 데이터가 무엇을 드러낼 것이라고 미리 예측한 바가 있더라도 무조건 그것을 고수하려 해서는 안 된다.

- 단지 문제와 그 원인을 단정 짓는 것만을 원하고, 해결책에는 관심이 없다면 지금 이 단계에서 멈춰라.

7단계 : 기준 *criteria*과 옵션을 선택하기 전에 문제해결을 위해 할 수 있을 만한 행동들을 문장으로 기술하기

- 문제해결을 위해 취할 수 있는 행동(옵션)은 당신이 데이터를 분석한 결과 나온 것일 수도 있고 다른 사람이 알려준 옵션일 수도 있다.

8단계 : 문제해결책이 반드시 충족시켜야 하는 기준을 명확하게 정하기

- 문제해결을 위한 옵션을 만들기 전에, 우선 해결책이 반드시 지켜야 하는 것은 없는지 알아둔다. 즉 법적인 측면이나 재정적 · 시간적인 측면 등에 어떤 제한이 있는지를 알아둔다.

9단계 : 문제해결을 위한 옵션 만들기

- 각 옵션을 만들고 분석하고, 요약하고, 평가할 때에는 운용분석의 프로세스를 적용한다.
- 각 옵션의 강점과 약점 또한 구체적인 언어로 기술해야 한다.

10단계 : 문제해결을 위해 가장 우선적인 옵션 선택하기

- 당신의 기준을 만족시키는 동시에 문제를 해결할 수 있는 옵션을 선택한다.
- 그 옵션은 당신의 재정적, 법적, 그리고 사회적 이득을 최대화해줄 수 있어야 한다.

"내가 언제 항상 짖었다고 그래…."

조용히 시킬 것인가, 내보낼 것인가

    조지는 개인 법률 사무소에서 가정법家庭法을 전문으로 다루는 변호사의 보조원으로 일하고 있다. 그는 매일매일 고객들을 인터뷰하는 고된 나날을 보내고 있다. 그의 주된 업무는 화가 나고 혼란한 감정상태에 빠져 있는 커플들에게서 사건의 사실이 무엇인지를 알아내는 것이었다. 부부는 격앙된 목소리로 서로 자기가 옳다고 말을 하는데, 그 와중에 누구의 말이 사실인지를 밝혀내는 것은 매우 고생스럽고 고달픈 일이 아닐 수 없었다.

    어느 날, 하루 일과를 거의 마쳐갈 즈음 그는 완전히 진이 빠진 듯한 느낌이 들었다. 그는 집에서 자신을 기다리고 있을 개가 보고 싶었고, 빨리 집에 가서 쉬고 싶었다. 그는 좋은 책을 읽으면서 편안한 저녁시간을 보내야겠다는 생각을 하면서 사무실을 나섰다. 그런데 그날따라 고속도로는 사고 때문에 꽉 막혀 있었다. 욕구불만에 가득 찬 운전자들이 경적을 울려대는 소리, 서로에게 감정을 분출해대는 소리를 견디면서 조지는 차 안에서 두 시간을 보냈다.

그 지옥을 뚫고 집으로 돌아왔을 때 그는 콘도미니엄협회의 이사회가 집 문 앞에 붙여 놓은 편지를 발견했다(〈표 1-1〉을 보라).

〈표 1-1〉 캐스케이드 뷰 *Cascade View* **콘도미니엄협회 이사회가 보내는 편지**

조지 M.
메릴랜드 *Maryland* 주 20706 리버턴 *Riverton*
캐스케이드 뷰 콘도미니엄 18동

친애하는 M. 씨에게,

캐스케이드 콘도미니엄의 이사회는 주민 A로부터 당신의 개가 계속 짖어 대서 매우 성가시고 불편하다는 불평사항을 접수 받았습니다.

부디 당신의 개, 쿠리오 *Curio*가 짖지 않도록 조치해주시기 바랍니다. 그리고 개 짖는 소리가 밖으로 많이 새나가지 않도록 부엌 창문을 닫아 두기를 권장합니다. 개를 애견훈련소 *obedience school*에 보내는 것을 고려해 보는 것도 좋을 것 같습니다.

이 상황을 바로잡을 시간을 열흘 드리겠습니다. 이 기간 동안 아무런 조치도 취하지 않으신다면, 이사회는 당신 개를 CC&R(계약, 조건 & 규정)법의 ○○○조항에 따라 생활방해(nuisance : 영미법상의 개념으로 매연·오물·소음 등을 방산放散하여 타인의 이익을 침해하는 행위—옮긴이)로 선언할 겁니다. 그렇게 되면 당신 개는 더 이상 이 콘도미니엄에 남아 있을 수 없습니다. 당부하건대, 주민 A와 접촉하려 하지는 마십시오.

캐스케이드 뷰 콘도미니엄협회
이사회로부터

이 편지를 읽은 조지의 첫 반응은 이랬다. 조지는 화가 나서 도저히 참을 수가 없었다. 방 안을 이리저리 걸어다니면서 그는 이렇게 외쳤다.

"믿을 수 없어. 이렇게 무례한 경우가! 쿠리오는 그렇게 많이 짖지도 않는단 말이야. 이웃에 새로 이사 온 사람이 개를 좋아하지 않는다고 해서 이사회가 개를 내쫓을 수는 없어! 그 사람이야말로 나가야 하는 사람이라고!"

그는 직업상 사실과 감정을 분리하는 데에 익숙해져 있었지만, 그에게서 개를 떨어뜨려 놓는 것이 당연하다는 듯한 이사회의 태도는 생각하면 생각할수록 화가 치밀었다. 그러다가 조지는 이렇게 감정을 쓸데없이 소비할 것이 아니라 상황을 객관적으로 점검하는 데에 에너지를 쏟아야 한다는 것을 깨달았다. 그러기 위해 그는 '문제를 분석하고 해결하기 위한 10단계 가이드'에 써 있는 대로 운용분석의 프로세스를 활용하기로 했다(15page 참고).

1단계, 조지는 문제가 있을 수 있다는 사실을 인정했다. 이 경우에는, 캐스케이드 콘도미니엄협회 이사회가 보낸 편지가 문제가 존재한다는 사실을 가르쳐줬다.

2단계, 배경 요소를 분석하고 문제를 문장으로 기술했다. 조지에게 있어 배경 요소는 콘도미니엄협회 이사회가 보낸 편지다. 편지에 콘도미니엄 세칙에 있는 CC&R법의 ○○○조항이 언급되어 있었기 때문에, 그는 우선 ○○○조항을 검토해 보았다.

조지는 ○○○조항을 읽다가 '소유자 *owner*만이 불만을 제기할 수 있다' 라는 조항을 발견했다. 주민 A는 세입자였기 때문에 이사회에서 발송한 편지는 전혀 효력이 없는 것이었다. 이를 알아낸 조지는 그 순간 긍정적이면서도 부정적인 감정이 동시에 밀려드는 것을 느꼈다. 이사회의 행동에 오류가 있었고, 그렇기에 그는 '내가 이겼다' 라는 흥분을 느꼈다. 그리고 그와 동시에 이런 보잘것없는 문제에 자신의 시간과 에너지를 낭비하게 만든 이사회의 모든 사람에게 화가 났다. 그는 다시 한번, 객관성 대신 감정에 휩싸였다.

조지는 흥분한 상태에서 이사회에 속한 모든 사람에게 전화해서 "똑바로 하라"고 소리를 질렀다. 전화를 해서 이사회의 실수를 지적한 후에 그는 기분이 훨씬 나아진 것을 느꼈다. 그러나 그는 아직 진짜 문제가 존재하고 있는지 어떤지는 증명하지 못한 상태에 머물러 있다. 그는 쿠리오가 지나치게 짖어댄다는 불만에 대해서는 어떻게 대답을 해야 할지 몰랐고, 그에 대해 어떠한 정보도 가지고 있지 않았다. 그가 밝힌 것은 기껏해야 이사회가 CC&R법에 맞지 않는 행동을 했다는 것에 불과했다.

그 다음날 조지가 퇴근해서 자동응답기를 틀었을 때, 응답기에서는 이사회 회장이 남겨 놓은 메시지가 흘러 나왔다.

"당신이 지적한 대로 세입자는 그런 종류의 불만을 제기할 수 없더군요. 그래서 이번에는 주민 A를 대신해서 그 집 주인이 불만사항을 제기할 거예요. 이 문제는 계속 진행될 테니 미리 대비를 해두는 것이 좋을 게요."

조지는 접수한 불만사항을 계속 추진할 것이라는 이사회의 결정에 직면해서야, 문제에서 감정을 완전히 떨어뜨려 놓고 이성적으로 행동해야만 이 상황을 완전하게 해결할 수 있다는 것을 인정했다. 다시 한번, 그는 감정을 누그러뜨리고 운용분석의 객관적인 프로세스에 집중해서 사실을 발견하려 애썼다.

콘도미니엄 이사회에서 새로 보낸 편지는 납득할 만한 내용을 담고 있었다. 그렇지만 편지의 내용은 너무나도 모호하고 막연했다. 조지는 위원회의 편지를 바탕으로 소유자 A가 제기한 문제를 한 문장으로 적어 보았다.

> 소유자 A의 불만 :
>
> 「나의 개가 항상 짖어 대서 그의 집에 세 들어 살고 있는 사람이 방해를 받고 있다.」

이 문장은 문제를 명확하게 드러낼 만큼 충분한 정보를 담고 있지 않다. 정확하고 구체적인 정보를 얻기 위해 조지는 문제를 기술한 문장 안에 들어 있는 모호한 용어를 모두 리스트로 작성하기 시작했다.

- 불만
- 개
- 짖는다

- 항상
- 세입자를 방해한다

그는 이어서 3단계, 문제의 존재를 확인하고 증명할 데이터 수집하기에 들어갔다. 그는 모호하고 막연한 각각의 용어에 대해 '누가, 무엇을, 언제, 어디서, 어떻게, 왜, 그리고 얼마나' 등을 포함하는 질문을 던지기 시작했다. 다음 질문에 답하는 동안 조지는 자기가 어떤 중요한 정보를 빼먹었는지를 알아낼 수 있을 것이다.

· 불만

소유자 A는 그 불만이라는 것을 이사회에 전달할 때 말로 표현했을까, 아니면 글로 썼을까? 말로 표현했다면, 그 불만 사항이 소유자 A에서 이사회를 거쳐 조지에게 전달되는 과정에서 변했을 수도 있다. 글로 쓰인 것이라면, 지금 조지 앞에 쓰여 있는 한 문장이 문제와 관련된 전부다. 그 외에 문제와 관련된 다른 정보는 모두 생략된 셈이다.

• 개

어떤 종류의 개? 나이는? 크기는? 조지의 개는 6살짜리 암컷 세틀랜드 *Shetland* 산 콜리(collie : 양을 지키는 개-옮긴이)이고, 무게는 23파운드이며, 키는 18인치 정도이다. 그가 지금 모르고 있는 것은 쿠리오가 콘도미니엄에 살기에 적합한 종인가, 그렇지 않은가 하는 것이다.

• 짖는다

'짖는다' 는 의미는 무엇인가? 어떤 소리로 짖는다는 걸까? 귀에 거슬리는 소리? 혹은 날카롭게 우는 소리? 혹은 또 다른 어떤 소리? 그리고 또 그 소음의 강도는 어느 정도인 걸까?

• 항상

'항상' 이란 도대체 어떤 의미인가? 언제? 밤낮으로? 얼마나 오래?

• 그의 세입자를 방해한다

어느 정도로 방해한다는 것인가? 그가 잠을 잘 수 없을 정도로? 아니면 대화에 방해가 될 정도로? 텔레비전 소리가 들리지 않을 정도로?

조지는 이렇게 리스트를 작성한 다음, 모호한 언어들을 명확하게 정의내리고 위 질문들에 대답을 줄 수 있을 만한 데이터를 수집했다. 다음은 그가 한 행동들이다.

- 주 공공 안전부 *County Public Safety Department*에 가서 개의 소음규정 *Dog Noise Ordinance*이 정리되어 있는 문서를 한 부 카피했다.

- 이 콘도미니엄에는 52가구가 살고 있는데, 소유자 A 이외에 다른 주민들이 쿠리오가 심하게 짖는다고 불평한 적이 있는지를 확인하기 위해 이사회 회의록을 꼼꼼하게 검토했다.

- 셰틀랜드 산 콜리가 콘도미니엄에 살기에 적합한 종류의 개인지, 그렇지 않은지에 관한 신빙성 있는 기준을 찾았다.

- 자기와 같은 층에 가까이 사는 이웃 10명을 인터뷰하고 쿠리오가 짖는 것이 그들을 불편하게 하는지를 물었다.

수집하고 요약한 정보 중에는 사실도 있고, 의견도 있었다. 이를 분류하여 정리해 보니 다음과 같았다.

사실 *FACTS* :

- 조지가 사는 주州의 개 소음규정 5절 2항을 보면 타인에게 방해가 될 정도의 '과도한 소음' 이란 어떤 것인지에 관한 법적인 기준이 나와 있다. 짖거나 흐느끼거나 울부짖는 소리, 혹은 개의 소음이 한두 시간이나 혹은 그보다 더 긴 시간 동안 연속적으로 10분 이상 지속될 경우 타인에게 '방해가 된다' 고 규정하고 있다.

- 콘도미니엄 이사회는 과도한 소음에 대해서 어떠한 숫자(구체적이고 명확하고 측정가능한)도 기준으로 제시하지도 않았다.

- 조지는 4년 동안 그 콘도미니엄에 살았는데, 그 동안 어떤

소유자나 세입자도 쿠리오가 짖는 소리에 불평이나 불만을
제기한 적이 없다.

- 전국적으로 유명한 애견 사육자 협회의 조사 결과에 따르
면 셰틀랜드 산 콜리는 아파트에서 기르기에 가장 적당한
견종 상위 10위권 안에 들어가 있으며, 순위는 5위이다.

의견 *OPINIONS* :

- 조지의 집 옆에 사는 이웃들은 개 짖는 소리가 그들에게는
전혀 문제가 되지 않는다고 말했다.

- 조지네 층에 사는 네 사람의 말에 따르면 주민 A는 아침 10
시에서 10시 30분 사이에 출근한다고 한다. 그는 엘리베이
터로 가는 도중에 조지네 집 부엌 창문 밖에 서서 "야옹" 거
리면서 고양이 울음소리를 내기도 하고 부엌 창문 커튼 안
으로 손가락을 집어넣어 종종 쿠리오를 곯리기도 한다고 한
다. 또한 개에게 말을 걸기도 하고, 개를 위협하기도 했다고
한다. 그가 그런 행동을 했기 때문에 개가 짖었던 것이다.

- 조지는 '그를 방해한다' 라는 것에 대해서는 자세하고 구체적으로 기술할 수 없었다. 주민 A를 만나서 직접 물어보지 않는 한, 무엇이 어떻게 그를 방해하는지를 명확하게 알 수 있는 방법은 없다. 하지만 조지는 그렇게 할 수가 없다. 이 사회에서 그를 만나서는 안 된다고 명시해놓았기 때문이다.

조지는 사실과 의견을 수집하여 정리한 다음 그것을 지금 당장 사용할 수 있는 증명된 정보와 지금 당장은 관련이 없는 것으로 나누었다. 조지가 살고 있는 주의 개 소음규정집은 조지에게 '불법적인 방해' 란 무엇인가에 관해 객관적이고도 측정할 수 있는 기준을 제공해주었다.

그 다음으로 조지는 추가적인 데이터를 수집하는 4단계로 넘어갔다. 그는 쿠리오가 '그렇게 많이' 짖지는 않는다고 믿었다. 그렇지만 불평을 제기한 사람은 그의 개가 '항상' 짖는다고 했다.

그의 개가 '항상' 짖는다는 말을 증명하거나, 혹은 반증하기 위해서는 쿠리오가 얼마나 짖는가를 측정할 방법을 찾아야만 했다. 그래서 조지는 타이머가 달린 24시간 디지털 녹음기를 사용했다.

조지는 오디오 레코드에서 수집한 데이터를 검토하고 요약하는 5단계를 실행했다(〈표 1-2〉를 보라).

〈표 1-2〉 쿠리오가 짖는 습관 / 오디오 녹음 요약 결과 / 월요일~금요일

1. 조지가 개를 산책시키기 위해 준비하는 매일 아침 6시 55분에서 7시 5분 사이에 30초 동안.

2. 조지가 출근하려고 하는 오전 7시 45분에 5초간.

3. 월요일부터 금요일까지 주민 A가 부엌 창문 옆에 서서 "야옹"하는 고양이 소리를 내면서 창문 스크린 안으로 손가락을 넣는 오전 10시부터 10시 15분 사이에 1분 30초 동안.
   그는 개에게 말을 걸기도 하고 위협하기도 함.

4. 독 워커(dog walker : 미국에서 개를 전문적으로 산책시키는 사람을 지칭하는 말—옮긴이)가 콘도미니엄에 들어오

 바보들은 항상 문제가 뭔지도 모른다

는 정오에 6초간.

5. 독 워커가 콘도미니엄을 떠나는 12시 30분에서 12시 35분 사이에 5초간.

6. 월요일 오후 4시에 30초간, 오후 5시 20분에 4초간.
   화요일 오후 3시 15분에 2초간, 오후 5시에 2초간.
   수요일 오후 3시 20분에 1초간, 오후 5시 5분에 1초간.
   목요일 오후 3시 21분에 3초간, 오후 5시 7분에 1초간.
   금요일 오후 4시 3분 30초간, 오후 5시 2분 3초간.

7. 매일 조지가 돌아오는 오후 6시에서 6시 55분 사이에 4.5초간.

8. 조지가 개를 산책시키는 오후 6시 40분에서 6시 55분 사이에 15초간.

9. 조지가 개를 산책시키고 들어오는 오후 7시에서 7시 20분 사이에 1초간.

10. 월요일, 화요일, 금요일에 조지가 집에 있는 오후 7시

20분에서 오전 6시 55분 사이에는 한 번도 짖지 않음.

수요일 오후 8시에 조지가 나갈 때 6초간, 그리고 11시 30분 들어올 때 30초간, 그러고 난 다음 아침 6시 50분까지는 짖지 않았음.

목요일에는 밤 9시에 2초 간, 그리고 9시 45분에 1초간.

금요일에는 오전 7시에 30초 짖은 이후에는 짖지 않음.

데이터를 평가하는 6단계를 거치는 동안 조지는 다른 개들이 시간당 최대한으로 계속 짖을 수 있는 시간은 어느 정도인지를 알게 되었고, 쿠리오는 오전 10시에서 10시 30분 사이에 가장 오래 짖는데 그것도 겨우 1분 30초에 불과하다는 것을 발견했다. 주에서 과도한 소음이라고 정한 10분이라는 기준(무엇이 일어나야 하는가)과 쿠리오가 짖는 시간(실제 무엇이 일어났는가) 사이에는 무려 8분 30초라는 차이가 있다. 그러므로 쿠리오가 짖는 행동은 법적으로 전혀 '방해'가 아닌 것이다. 조지는 그의 개가 '항상' 짖지는 않는다는 것을 증명해냈으며, 또한 문제가 존재하지 않는다는 것을 증명해냈다.

　조지는 그의 조사결과를 문서로 작성한 것과 오디오 기록, 그리고 그가 조사한 모든 데이터를 콘도미니엄 이사회에 제출했다.
　이사회는 불만을 제기한 소유자와 함께 조지의 보고서를 검토하고 녹음 자료를 들었다. 이 객관적인 자료를 보고 들은 후 불만은 한풀 꺾였으며, 집 주인은 세입자에게 개를 괴롭히는 행동을 이후에도 계속하면 집에서 쫓아내겠다고 말했다. 이는 어느 누가 보아도 조지의 잘못이 아니라는 것을 명백하게 증명했기 때문에 가능한 일이었다.

　조지는 그 자신이나 다른 사람들이 이와 유사한 상황을 겪지 않도록 하기 위해 CC&R법 ○○○조항의 절차에 4가지 변화를 주자는 제안했다. 그는 캐스케이드 뷰 콘도미니엄 이사회에 4주 후에 열리는 다음 정회의에서 집 주인들에게 이러한 변화를 어떻게 생각하는지 의향을 묻고 함께 숙고해줄 것을 요구했다. 조지가 제안한 4가지는 다음과 같다.

- 개의 소음이 '방해'에 해당하려면 어떤 조건을 만족시켜야 하는지 정해놓은 주법의 기준을 포함시킨다.

- 규칙위반에 대한 불만은 이사회에 서면으로 제출해야 하고, 이사회는 이 불만사항과 관련해서 조치를 취하기 전에 위반사항을 증명해야 한다.

- 이사회의 의견에 굴복하지 않을 경우, 불만을 제기한 사람은 모든 지출비용에 책임을 져야 한다.

- 불만사항을 적은 편지를 발송한 다음 10일이 지나도 이 상황을 해결할 만한 조치를 취하지 않을 경우, 이사회는 모든 집주인을 소집할 수 있다. 이때에 이사회의 모든 사람들은 반드시 참석해야 하고 구체적인 조치를 취하기 전에 우선 문제를 해결하기 위해 노력해야 한다.

조지가 객관적인 조사를 한 덕분에 주민들은 CC&R법의 ○○○ 조항에 절차적인 변화를 가하자는 제안을 모두 승인했다. 게다가

집 주인들은 이사회에 다른 종류의 불만과 관련된 CC&R법도 측
정할 수 있는 구체적인 언어로 규정되어 있는지를 확실하게 검토
해달라고 요청했다.

"이게 좋은가, 저게 좋은가."

가장 좋은 노후계획은 무엇?

바바라와 게리는 퇴직 후를 대비해 오래전부터 주의 깊게 계획을 세워 왔다. 그들의 계획에 있어 가장 중요한 것 중 하나는 퇴직 후에 수입을 어떻게 늘릴 것인가 하는 것이다. 이 노후계획을 실현시키기 위해 바바라는 35세에 비교적 보수를 많이 주는 탄탄한 의류제조 업체에 들어갔고 그곳에서 수년 동안 일하면서 일개 접수원에서 사장의 보좌관 *Staff Assistant* 이라는 지금의 자리에 이르게 되었다.

한편 게리는 과거 39년 동안, 수도관 등에 쓰이는 철물을 공급

하는 업체에서 일해왔다. 그 역시 제품을 조립하는 보잘것없는 일에서 출발했지만, 품질보증 부서의 주임을 거쳐 65세인 지금은 수도관 부서 *Plumbing Division*의 부장까지 승진에 승진을 거듭했다. 다행이 게리의 회사는 65세 의무퇴직제를 시행하지 않고 있기 때문에 게리는 아직 좀더 일을 할 수 있다. 그렇지만 바바라는 넉 달 후면 62세가 되는데, 그 안에 퇴직을 해야 한다.

사실 그들은 석 달 전만 해도 모든 노후대책을 분명하게 세워 놓고 있었다. 그런데 바로 그때, 그들에게 예상치 못한 변화가 생겼다. 이는 육체적으로나 정신적으로나 모든 면에서 아주 큰 변화였다. 그 변화란 20여 년 동안이나 함께 살아왔던 바바라의 어머니가 갑자기 돌아가신 것이다. 그리고 그들의 막내 아이가 시카고로 전근을 가게 되었다.

바바라와 게리는 이제 서로를 제외하고는 가까이에서 서로 챙겨주고 책임져야 할 사람이 없다는 것을 깨달았다. 그들에게는 3명의 자녀가 있는데, 위에 2명은 벌써부터 독립해서 따로 살고 있었고 이번에 막내 아이까지 시카고로 옮기게 된 것이다.

이제 그들에게 침실 4개짜리 방은 너무나 컸다. 이렇듯 상황이 복잡했기 때문에 그들은 집을 파는 것이 좋겠다는 결론에 이르렀고, 몇 년 동안 연락을 몇 번 주고받은 적이 있는 부동산 중개업자를 만나 보기로 결정했다. 그 중개업자는 집을 지금 판다면 700,000달러는 족히 받을 수 있을 거라고 말했다.

30여 년 전에 그들이 집을 구입할 당시만 해도, 가격은 24,500달러에 불과했기 때문에 이는 그들에게 몹시 놀라운 일이었다. 그리고 불과 몇 년 전만 해도 롱아일랜드 *Long Island*에 위치한 그 집의 시세는 325,000달러 정도였다. 근 몇 년 동안 거의 2배가 넘게 집값이 오른 것이다. 예상치 못한 이 '횡재'에 그들은 새로운 질문을 해야만 했다. 지금까지 세워 왔던 노후계획을 수정해야 할지, 아니면 그대로 유지해야 할지에 관해서 말이다.

그들은 닥쳐올지도 모르는 문제를 인지했다. 이는 1단계에 해당한다. 그들은 2단계 작업으로 들어가 **주변상황을 분석하여 한 문장으로 기술했다.** 그리고 자신들이 들은 정보가 옳은지, 그렇지 않은지를 증명하기 위해 다른 부동산 중개업자를 찾아갔다. 확인 결과, 그 주변에 집에 대한 수요는 많은데 매물로 나온 집은 별로 없어 집값이 올랐다는 것을 알 수 있었다. 집을 팔 경우 적게는 680,000달러, 그리고 많게는 725,000달러까지 받을 수 있으리라는 결론을 얻었다. 그들은 집을 팔 경우, 연방정부와 주정부에서 징수해 가는 소득세는 얼마나 되는지를 알아보기 위해서 회계사도 찾아가 보았다.

그들은 지금까지 모은 사실과 의견을 모두 정리한 후 토론을 거쳤고, 그러고 난 다음 문제를 다음과 같은 한 문장으로 정리했다.

「미리 세워뒀던 노후대책을 그대로 가져갈 것인가? 아니면 부분적으로 수정할 것인가?」

바바라와 게리는 이제 문제를 재인식하고 증명하기 위해 3단계로 접어든다. 그들이 고려할 것에는 두 가지가 있다. 하나는 '지금까지 계획했던 노후대책을 그대로 가져갈 것인가?' 이고, 다른 하나는 '부분적으로 수정해야 하는가?' 이다. 바바라와 게리는 우선 첫번째에 초점을 맞춰 상황을 분석해나가기 시작했다. 현재의 재정상태와 퇴직 후의 활동계획을 재검토하기 시작한 것이다(〈표 2-1〉을 보라).

〈표 2-1〉 기존의 노후계획

경제적인 측면에서의 노후계획

- 연간 소득총액 44,232달러

  이는 연금, 사회보장제도에서 나오는 소득, 만 달러 짜리 정기예금 2개에서 나오는 이자, 401K 플랜(401K plan : 미국 연금투자방식의 일종−옮긴이) 등에서 나오는 소득의 합이다.

- 예상되는 연간 지출총액 23,744달러

  이는 생명보험, 자동차보험, 식비나 의복비 같은 생계비와 재산세 등 각종 공과금을 포함한 주택유지비의 합이다. 지금 살고 있는 집은 집세가 없다.

- 퇴직금에서 여행비용과 각종 세금을 제한 후 얻을 수 있는 수익 매달 1,100달러

활동적인 측면에서의 노후계획

이 부분은 바바라와 게리가 퇴직 후에 하고 싶어하는 활동에 대한 것이다.

- 컴퓨터에 관한 지식을 높인다.
- 친구들과 좀더 많은 시간을 보낸다.
- 조금 멀리 떨어져 있기는 하지만 자식과 손자들을 자주 방문한다.
- 여행을 자주 다닌다.
- 지역사회 활동을 재개한다.
- 골프 등과 같은 운동에 좀더 많은 시간을 할애한다.

경제적인 측면에서의 계획은 정확한 언어로 기술한 반면, 활동적인 측면에서의 계획은 이에 비해 막연하고 일반적인 언어가 많이 사용되었다. 오해의 소지를 최소화하고 생각을 분명하게 전달하기 위해서 그들은 활동계획을 명확한 언어로 규정하기 시작했다. 즉 '누가, 무엇을, 언제, 어디서, 어떻게, 왜, 얼마나' 라는 원칙에 따라 계획을 구체화하기 시작한 것이다. 그러기 위해 우선 그들은 다음과 같은 질문을 던졌다.

1. 컴퓨터 지식을 늘린다는 것은 무슨 뜻인가? 프로그램 디자

인에 대한 지식? 그렇다면 어떤 프로그램? 그 지식을 어디에 적용할 것인가? 지금 가지고 있는 컴퓨터로 공부할 것인가? 아니면 새롭게 업그레이드된 컴퓨터를 사용할 것인가? 새로운 컴퓨터를 구입한다면 비용은 어느 정도 드는가?

2. 친구들과 대략 어느 정도의 시간을 함께 보낼 것인가? 부부가 함께 할 것인가? 아니면 각자의 친구들을 따로 만날 것인가?

3. 자식들과 보내는 데에 시간을 어느 정도 할애할 것인가? 언제 만날 것이며 만나는 데 드는 비용은 어느 정도인가?

4. 여행은 얼마나 자주 할 건가? 여행지에는 얼마나 오래 머무나? 여행을 가는 이유는 무엇인가? 여행 경비는 어느 정도 드는가?

5. 지역사회 활동을 다시 시작한다면, 어떤 종류의 활동을 할 것인가? 봉사활동? 한다면 몇 시간이나 할 생각인가? 활동

에 참가하려면 비용이 들지는 않는가?

6. 건강을 유지하고 증진시키기 위해서는 시간을 어느 정도 할애해야 하는가? 헬스클럽에 등록할 것인가? 아니면 관할 지역 피트니스 센터 *fitness center*에 갈 것인가? 골프를 친다면 몇 시간을 골프를 치며 보낼 것인가? 또 비용은 어느 정도 드는가?

위의 질문을 비롯한 여러 가지 질문에 답하는 과정에서 그들은 무엇을 하고 싶은지, 그리고 거기에 어느 정도의 시간과 비용을 할애할지에 대해 서로 다른 생각을 가지고 있다는 사실을 발견했다. 바바라는 회계 관련 지식을 쌓고 싶어했기 때문에 노인 센터에서 주관하는 컴퓨터 회계학 강좌에 등록하고 싶었다. 이 경우에는 컴퓨터를 새로 살 필요가 없다. 그렇지만 게리는 지식의 범위를 넓히고 신기술을 체험하고 싶었기 때문에 새 컴퓨터를 사고 싶었다.

또한 그들은 친구들, 그리고 가족들과 어느 정도의 시간을 보낼 것인가를 생각하면서 기존 계획에 오류가 있다는 것을 발견했다. 함께 할 친구들과 가족들에게도 나름의 스케줄이 있다는 것을 고려하지 못한 것이다. 그들은 활동계획과 관련된 모든 질문에 구체적인 답변을 하지는 못했지만 질문하는 과정이 아무 의미 없는 것은 아니었다. 물론 지금 당장은 질문 2번과 3번에서 중요한 의미를 찾을 수 없을지도 모르지만, 상황을 분석해나가면서 그들은 차츰 많은 부분을 분명하고 실천가능하게 바꿔나갔다.

바바라와 게리는 계속해서 앞서 두 가지 측면에서 나눠 적었던 문제들 중 후자에 대해 고민했다. 우선 '이전 노후대책에 변화가 필요한가?'라는 질문을 통해 그들이 상상하는 바를 생활 속에 명확히 그려내는 작업부터 시작했다. 우선 집을 팔 경우 그 다음에는 어떻게 생활할 건지, 가능한 세 가지 변화를 생각하고 머릿속에 그림으로 그려 보았다.

A. 같은 지역에 더 작은 집을 산다. 집세는 현금으로 지불하고 돈을 균형적으로 운용한다.

B. 플로리다 *Florida* 주의 탬파 *Tampa* 시 외곽 같은 다른 주로

이사한다. 바바라와 게리는 2년 전에 그곳에 사는 친구들을 방문해서 열흘 정도를 보낸 적이 있었는데, 골프 코스까지 갖춘 친구의 연립주택 *town house*을 그들은 무척이나 마음에 들어 했다.

C. 레크리에이션용 차량 *RV*을 사서 여행을 다니며 1년 정도를 보낸다.

바바라와 게리의 작업은 추가적인 데이터를 수집하는 4단계로 이어진다. 이 단계는 기존 노후대책을 유지했을 때와 변화를 주었을 때 각각 무슨 일이 발생할지를 비교하고, 경제적으로 어떤 차이가 있는지를 알아보는 것이다. 그들은 각각의 상황을 전개시키면서 분석하고 요약하고 응용하는 다양한 과정을 거친다.

그들은 A 안부터 분석하기 시작했다. 그들은 연립주택이나 콘도 등 지금보다 테라스가 더 작은 집을 다양하게 알아보기 위해 부동산 중개업자와 약속을 잡았다. 그 결과 테라스가 하나인 525,000달러짜리 집 한 채와 450,000달러짜리 연립주택을 찾아냈다. 두 군데 모두 지금 살고 있는 곳에서 반경 10마일 이내에 있다. 어떤 것이 더 나은지 둘러본 후, 그들은 90일 동안 그 지역의 부동산 시장을 테스트해 보기로 결정하고 살던 집을 725,000 달러에 내놓았다.

그 다음으로 B 안을 분석하는 과정에서 바바라와 게리는 플로리다에서도 현재의 건강보험으로 의료서비스를 받을 수 있다는 사실을 알아냈다. 그러고 난 후, 그들은 플로리다에 사는 친구에게 상공회의소나 근처 대학이 시행하는 지역사회의 다양한 활동이 적혀 있는 브로슈어를 하나 보내달라고 부탁했다. 그들은 이렇게 수집한 정보들을 인터넷을 활용하여 검색한 정보와 조합했고, 마침내 플로리다의 집값이나 생활환경을 평가해 보기 위해 직접 그곳의 친구를 방문하기로 했다.

게리는 C 상황을 분석하기 위해 RV 판매상을 연결시켜 줄 친구에게 전화를 걸었다. 그 판매상은 중간 크기 정도의 이동 주택차 *motor home*를 구입하려면 대략 68,000달러가 든다고 말했고 또한 RV를 끌 소형 중고차에는 대략 14,000달러가 소요된다. 바바라와 게리가 지금 몰고 다니는 자동차는 RV용으로는 너무 컸기 때문이다. 그밖에 보험료, 야영지 대여료, 가솔린 등 RV를 끌기 위해 필요한 장비는 무엇인지, 비용은 얼마나 드는지를 조사해야 했다. 또한 집안 가구 중에서 필요한 것들을 차량에 옮겨 배치하는 데에도 얼마간의 비용이 든다는 것을 감안해야 한다.

그들은 수집한 데이터를 재검토하고 요점을 정리하는 5단계로 넘어갔다. 그들이 이 5단계를 실행하는 동안 부동산 중개업자는 그들이 집을 내놓은 가격인 725,000달러에 집을 사겠다는 사람이 있다고 말했다. 매입 희망자는 다른 주에서 이사를 오는 사람이었고 120일짜리 조건부날인증서(escrow : 어떤 조건이 성립될 때까지 제 3자에게 보관해 두는 증서—옮긴이)를 원했다. 부동산 중개수수료, 조건부날인증서 발급 비용, 자본이득 *capital gain*으로 인한 세금과 각종 지방세를 납부하고 나면, 그들은 실질적으로 현금 638,000달러의 순익을 올리게 된다.

만약 그들이 지금까지 세워 놓았던 노후계획을 유지하기로 하고 집을 팔지 않는다면 그들은 이 부가적인 수입을 올리지 못한다. 반면, 725,000달러에 집을 팔라는 제안을 받아들인다면, 그들은 앉아서 638,000달러의 현금순익을 올릴 수 있다. 이는 처음 계획이 180° 변하는 것과 마찬가지다. 바바라와 게리는 문제가 있다는 것을 증명했다. 그리고 이 문제는 지난 30년 동안 집의 자산

가치가 3,000% 이상 증가했다는 데에서 연유한다.

여기까지 진행한 다음, 그들은 수집한 데이터를 평가하는 6단계로 넘어갔다. 매입희망자의 등장은 의사결정 과정을 훨씬 신속하게 만들었다. 바바라와 게리는 집을 팔라는 제안을 호의적으로 받아들였으며, 집을 파는 것이야말로 자산을 효율적으로 운용하는 실용적 행동이라고 결론지었다. 이제 그들은 '원래의 노후계획을 그대로 유지할 것인가, 아니면 변화를 줄 것인가?' 라는 맨 처음 질문에 답을 얻었다. 그들은 노후계획에 변화를 줄 것이다.

그 다음으로 바바라와 게리는 문제해결을 위해 할 수 있을 만한 행동들을 문장으로 적어 보는 7단계에 들어선다.

「변화를 준다면 A, B, C 세 개의 안 중에서 어떤 것을 선택해야 우리의 재정적, 감성적 요구*needs*가 가장 잘 충족될 것인가?」

셋 중에서 어떤 안을 선택할지를 결정하기에 앞서 각각의 안이 문제해결책이 되기 위해서는 어떤 기준을 만족시켜야 하는지를 정할 필요가 있다. 이 과정이 8단계가 된다. 그들은 '퇴직한 후 퇴직금으로 얻는 수익을 제외하고 최소한 매달 1000달러 정도는 수입이 있어야 한다' 라는 기준을 세웠다.

기준을 세웠으니 이제 **옵션을 분석하는 9단계**로 넘어갈 차례다. 그들은 A, B, C 안을 옵션으로 활용하기로 결정했다. 제일 먼저 C 안을 분석했는데, RV 여행에 알게 모르게 드는 모든 비용을 계산하는 것을 포함해 여러 가지 추가적인 정보를 수집한 후, 그들은 C 안을 선택하지 않기로 결정했다. RV에서 하루 종일 지낸다는 것이 처음에는 굉장히 재미있어 보였지만 생각하면 생각할수록 이것은 그들이 원하는 라이프스타일 *lifestyle*이 아니라는 것이 드러났기 때문이다.

그들은 그 다음으로 A 안과 관련해서 경제적인 측면에서의 추가 데이터를 수집했다. 그들은 지금 살고 있는 지역에 침실이 두 개 딸린 450,000달러짜리 연립주택을 찾을 수 있었다. 지금 살고 있는 집을 팔고, 그 집을 매입한다면 188,000달러의 이익을 볼 수 있다. 이 돈을 5% 이율로 투자할 경우 매달 그들이 벌어들일 수 있는 수익은 783달러이다. 그렇지만 애초에 그들은 퇴직 후에 월 수입이 1000달러 정도는 되어야 한다는 기준을 세워놓았기 때문에, A 안은 그들의 기준을 만족시키지 못한다. 결국 그들은 A 안도 고려 대상에서 제외했다.

한편, 경제적인 측면에서 B 안을 살펴본 후에는 아주 긍정적인 결과를 얻을 수 있었다. 주말에 플로리다를 여행하면서 그들은 침실 두 개짜리 연립주택을 발견했는데, 그 집은 그들이 이사할 준비만 끝내면 언제든지 사용할 수 있었다. 그 집은 친구 집에서 다섯 블록 떨어진 곳에 위치하고 있다. 가격은 215,000달러고 유지비용은 매달 175달러 정도 든다. 그 집을 구매할 경우 그들이 얻을 수 있는 이익은 423,000달러다. 이사비용을 충당하고 새 가구 등을 사는 데에 70,000달러 정도를 사용한다고 치면, 순이익은 353,000달러가 된다. 이를 5% 이율로 투자하면 월 1,470달러를 벌 수 있다. 이를 퇴직 소득인 1,100달러와 합치면 매달 2,570달러의 수익을 얻을 수 있다. B 안의 경우 그들의 경제적 기준과 잘 부합된다.

플로리다에 살면 그밖에도 경제적 이윤이 몇 가지 더 있다. 생활비를 30%정도 줄일 수 있을 뿐만 아니라, 소득세도 없다. 이것이 정확히 어느 정도의 이득을 줄 수 있을 것인지는 아마도 플로리다에 가서 살아봐야 알 수 있겠지만 경제적으로 이득이 생긴다는 건 확실했다.

플로리다로 이사하면 경제적인 측면에서뿐 아니라 다른 측면에서도 장점이 있다. 그곳은 기후가 따뜻하기 때문에 야외활동을 더 많이 할 수 있다. 마침 바바라와 게리는 롱아일랜드 지역의 교통체증과 혼잡한 도심환경을 참기 힘들어하던 참이었다. 단순히 경제적인 측면에서만이 아니라 지금보다 덜 혼잡하고 쾌적한 곳에서 살 수 있다는 것은 그들에게 매혹적일 수밖에 없다.

마지막 결정을 내리기 앞서, 그들은 오랫동안 함께했던 친구들, 그리고 편안하고 안전하게 생활할 수 있도록 도와줬던 의사들과 은행원들을 비롯한 여러 사람들을 뒤로하고 플로리다로 이사하는 것에 대해 감정적인 동요가 있지는 않은지 다시 한 번 살펴봤다. 이런 관점에서 생각을 전개시켜 봤지만 플로리다에도 20년 지기 친구들이 있었고, 그들이 그곳에서의 생활을 잘 안내해주리라는 생각이 들었다.

이제 마지막 10단계다. 문제해결을 위해 언급된 옵션 중에 하나를 선택하는 것이다. 그들은 모든 데이터와 정보를 다 동원해서 B안을 선택했다. 그들은 플로리다로 이사하기로 결정했다.

바바라와 게리는 새로운 출발을 갈망한다. 세 가지 옵션에 모두 운용분석을 행한 것은 그들이 신속한 결정을 내리는 데에 도움을 줬다. 뿐만 아니라 그들이 자신만의 생각에만 매몰되어서 서로 다른 선택을 하지 않도록 해줬다. 만약 플로리다에 살면서 경제적 계획이나 활동계획에 예상치 못한 문제나 차질이 생긴다고 해도 그리 걱정할 일은 아닌 것 같다. 게리와 바바라는 문제를 해결하기 위해 다시 운용분석을 사용할 것이고, 또 최선의 선택을 할 것이니까 말이다.

"아무리 봐도 뭔가 부족해"

그런데 내가 진짜로 원하는 게 뭐지?

일레인은 36살의 주식중매인 *stockbroker*으로 워싱턴 *Washington* 주, 시애틀 *Seattle*에 살고 있다. 3년 전, 일레인은 그녀 스스로가 판단하기에도 '이상형'이라 생각되는 사람을 만났었다. 그렇지만 둘의 관계는 겨우 2달 정도 지속되는 것으로 끝나버렸다.

"뭔가 잘못됐어!"

일레인은 매달 평균적으로 3번 정도 데이트를 하지만, 아직도 확신이 서질 않았다. 그녀는 자기가 오래도록 함께하고픈 남자가 어떤 남자인지를 정확하게 알 수가 없었다. 그녀는 상대 남성과 어느 정도의 공감대를 형성했을 때조차도 늘 '뭔가 잘못된 것 같아' 라는 말을 입에 달고 다녔다. 이로써 일단 그녀는 문제가 있다는 사실을 인지하는 1단계에 접어들었다.

그럼 그 다음 단계는 배경 요소를 분석하고 문제를 한 문장으로 써보는 것이다. 일레인은 자신이 원하는 남성상에 대한 그림을 명확히 그려 놓았다고 믿었다. 그렇기 때문에 자기 성에 차지 않는 남자를 만나면 뭐라 꼬집어 말할 수는 없어도 항상 실망스러웠던 것이다. 그녀는 문제를 조사하고 분석하면서, 마음속에 품고 있었던 이상형에 대한 이미지를 글로 전환시켜 보았다.

"나는 적어도 나만큼은 되는 사람을 원한다. 수려한 용모, 건강미, 유머, 재미와 교양까지 두루 갖춘 사람이면 좋겠다. 미래에 대한 비전이 있는 사람이어야 하고, 너무 젊거나 너무 늙은 사람은 안 된다. 그는 싱글이지만 결혼에 관심을 갖고 있으며, 지방에 살고 있다. 그는 이해심도 많고 정서상태도 안정적이다."

이 말은 다양하게 해석될 수 있다. 왜냐하면 너무나도 막연하고 추상적인 언어로 구성되어 있기 때문이다. 일레인 스스로도 수려한 용모라는 특징이 정확하게 무엇을 의미하는지 잘 모른다. 또한 '젊다'는 것의 기준은 도대체 뭔가? 생각을 더 명확하게 하기 위해 그녀는 이상형에 대한 글을 다시 써 보았다.

"나는 그가 승용차와 부동산을 가지고 있기를 바라고, 여유로운 생활이 가능할 정도의 수입이 있기를 바란다. 그는 매력적이어야 하고 키도 커야 하며 탄탄한 몸매를 가지고 있어야 한다. 이런 외모를 가지고 있는 만큼, 자신을 가꾸고 돌보는 데에도 관심이 많다. 그는 교육 수준이 높고, 유머감각과 커뮤니케이션 능력도 함께 갖추고 있다. 마약을 복용하지 않아야 하고 상식이 통하는 사람이어야 한다. 이해심이 넓고 타인에게 기꺼이 배울 자세가 되어 있어야 한다. 그는 사려 깊고 성숙하며, 전문직에 종사하거나 개인 사업을 하고 있다. 그는 나와 나이 차이가 많이 나지 않으며, 과거의 결혼이나 과거의 인연 때문에 짊어져야 할 책임이 없어야 한다. 그리고 그는 내가 사는 곳 가까이 살고 있다."

두 번째에는 처음보다 좀더 명확히 표현하려고 노력했지만,

여전히 모호한 단어들을 많이 사용했다. 또 다시 막연한 언어로만 문장을 기술한 것이다. 그녀가 기술한 문장은 측정할 수 있는 사실이 아니라 감정적인 단어, 형용사, 부사, 그리고 일반명사들로 가득했다. 그녀는 '수려한 용모' 라는 처음의 어구를 '키가 크고 탄탄한 몸매를 가진' 으로 대체했다. 또 '너무 젊지도, 너무 늙지도 않은' 이라는 말은 '나와 나이 차이가 많이 나지 않는' 이라는 표현으로 대신했다. 첫번째 문장과 두번째 문장 속에 있는 어휘들을 살펴보면서도, 그녀는 여전히 그녀의 이상형이 어떤 사람인지 가늠할 수 없었다. 이에 그녀는 문제의 배경 요소들을 재검토하고, 문제를 간단한 한 문장으로 적어 보았다.

「나는 오래가는 관계를 원하지만 내가 만났던 남자들은 늘 어딘가 문제가 있다.」

일레인은 이제 문제의 존재를 확인하고 증명하기 위해 데이터를 수집하는 3단계로 접어든다. 그녀는 무조건 '오래가는 관계'를 열망하기 전에, 일단 '뭔가 잘못됐다' 는 말이 무슨 뜻인지부터 파악해야 한다. 일단 그녀는 문장 안에 있는 모호한 단어들을 나열하고, 각 특성들을 측정가능한 것(누가, 무엇을, 어디서, 언제, 어떻게, 왜, 그리고 얼마나)으로 변환시키기로 했다(〈표 3-1〉을 보시오).

<표 3-1> 이상형의 특성들에 관한 Q & A

Q. 그가 어떤 종류의 차를 가졌으면 좋겠는가?
A. 무난한 미국산 고급차로 40,000달러 이상인 것.

Q. 그는 어떤 형태의 부동산을 소유하고 있는가(주거용인가, 혹은 상업용 인가)? 그 부동산의 시가市價는 어느 정도인가?
A. 자택을 가지고 있으며, 그 집은 콘도가 아니다. 시가는 300,000달러 이상.

Q. 그의 수입은 어느 정도여야 하나?
A. 6자리 숫자의 연봉.

Q. 그의 키와 몸무게는 어느 정도인가? 멋진 몸매를 유지하기 위해 그가 기울이는 노력은 무엇인가?

A. 적어도 178cm는 돼야 하고 189cm는 넘지 않아야 한
다. 몸무게는 키를 고려했을 때 73kg 정도면 좋겠다.
몸매를 유지하기 위해 집이나 체육관에서 운동을 해야
한다.

Q. 어떤 식의 유머를 구사하는가? 또한 커뮤니케이션 능
력은 어떠한가?
A. 솔직담백한 유머를 구사하며 어느 누구와도 거리낌 없
이 대화를 시작할수 있다.

Q. 교육 수준은 어느 정도인가?
A. 4년제 대학 졸업이나 그 이상.

Q. '상식, 그리고 기꺼이 배우려 하는 자세' 란 어떤 것이
라 생각하는가?
A. 매일 대하는 문제들을 현실적으로 처리할 수 있으며
과학이나 공연문화 같은 다방면에 관심을 갖고 지식을
쌓는다.

Q. 어떤 유형의 전문직인가? 개인 사업을 할 경우에는 어

떤 사업을 하나?

A. 금융이나 법률 분야와는 무관한 전문직. 개인 사업을
할 경우에는 10년 이내에 이익이 20% 증가할 만한, 성
공 가능성이 큰 사업.

Q. '너무 젊지도 너무 늙지도 않은' 이라는 말은 무슨 뜻
인가?

A. 나보다 2살 어리거나 7살 더 먹은 사람.

Q. '과거의 결혼이나 인연에 대해 어떤 책임도 지지 않
는' 이란 무엇을 의미하는가?

A. 전 부인이나 여자친구에 대해 어떤 경제적인 책임도
지지 않는다.

Q. 얼마나 가깝게 살아야 하나?

A. 시애틀에서 2시간 이내의 거리.

Q. 사려 깊고 이해심이 많다는 것은 어떤 것인가?

A. 내 기분을 배려해주고 올바르게 판단한다.

> Q. 마약을 하지 않는다는 것은 어떤 의미인가? 약물이나
>   알코올에 대한 사항은 포함하지 않는 건가?
> A. 마약은 물론, 처방전이 없으면 어떤 약물도 복용하지
>   않는다. 알코올은 적당히 섭취(주당 1회 120cc 정도),
>   비흡연자.

위의 답들은 엘리인의 이상형이 가져야 하는 특징 중에 77% 정도를 측정가능한 것으로 바꾸는 기준을 마련해주었다. 그녀는 문제가 존재한다는 것을 증명하기 위해 위의 특징들 중에서 9개를 골라 그녀의 이상형이 꼭 갖추어야 하는 기준으로 사용하기로 했다.

1. 마약을 복용하지 않는다
2. 부동산의 가격
3. 자동차의 가격과 형태
4. 수입
5. 직업적 경력

6. 결혼 경험 유무

7. 용모, 키와 몸무게

8. 나이

9. 교육적인 환경

일레인은 이 9개의 구체적 특성들(그가 어떠해야 하나)을 지난 3년간 최소 두 번 이상 만났던 남자 10명의 실질적인 특성(그가 실제로 어떠했나)과 비교했다(〈표 3-2〉를 보라).

〈표 3-2〉 특성들의 비교 결과

1. 7명은 마약을 하지 않았다.

2. 한 사람만이 300,000달러 이상의 집을 소유했고 3명은 250,000달러 이하의 콘도 보유. 이들 모두는 정확한 금액을 알 수는 없었지만 집세를 내고 있었으며, 6명은 아파트를 임대해 살고 있었다.

3. 4명이 40,000달러 이상의 미국산 고급 자동차를 운전,
   6명은 40,000달러 이하짜리 외국산 자동차를 몰았다.

4. 5명은 일년에 6자리나 그 이상의 소득을 올렸고, 나머
   지 5명의 수입은 60,000달러에서 85,000달러 사이였다.

5. 3명은 금융이나 법률 분야와는 무관한 전문직에 종사
   했고, 두 명은 부동산 업계에 있다. 5명은 전문직이 아
   니었으며, 개인 사업을 하는 사람은 아무도 없었다.

6. 4명이 이혼한 상태에서 아이를 데리고 있었고 6명은
   미혼이었다.

7. 10명 중 7명은 178cm에서 183cm 사이였고, 3명은
   193cm에서 195cm 사이였다. 그리고 10명 중 6명은 비만
   상태였다.

8. 4명은 그녀와 동갑, 2명은 7살이 어렸고, 나머지 4명은

10살에서 15살 연상이었다.

9. 4명은 단과 대학을 졸업했고, 3명은 상경계열 학위를,
   1명은 컴퓨터공학 학위를 갖고 있었다. 나머지 2명은
   학위가 없었다.

이렇게 비교를 해 본 결과 그녀는 9개의 특성을 모두 만족하는 남자는 지금까지 단 한 사람도 없었다는 것을 알아냈다. 이는 과거에 비하면 100% 분명한 변화임에 틀림없다. 일레인은 과거에는 막연하게 '뭔가가 잘못되었다' 라고만 생각했었지만 이제 문제가 있다는 것을 확인하고, 또 증명했다.

그러나 그녀는 아직 문제의 원인은 모른다. 이 특징들이 정말 그녀가 원하는 이상형의 기준인가? 이 기준은 사실에 기초해서 세워졌나, 아니면 판타지에 기초해서 세워졌나? 9가지의 모든 특성을 갖춘 이상형 남자를 원하는 것은 현실적으로 무리인가?

이 질문들에 대한 답을 구하기 위해 그녀는 **추가적인 데이터**를 수집하는 4단계로 넘어간다. 그녀는 각각의 특성과 기준에 대해 추가 데이터를 수집했다. 그녀는 처음에 '적어도 나만큼은 되어야 한다' 라는 전제를 세웠었다. 그녀는 그 전제하에서 경제적인 기준부터 차근차근 따져보기 시작했다.

우선 "그가 적어도 나만큼은 가져야 한다"라는 그녀의 기준에 근거한 재무적인 사항부터 분석하기 시작했다. 사실, 그녀는 자택이 아니라 340,000달러짜리 콘도를 가지고 있다. 그리고 그녀는 미국산 자동차라 아니라 55,000달러짜리 외제차를 몰고 다닌다.

처음에 일레인은 '적어도 나만큼' 이라는 기준을 정했었다. 하지만 그녀가 정리한 9개의 특성과 자신의 상황을 비교해 본 결과, 그녀가 이중적인 기준을 세워 놓고 있었다는 것이 드러났다. '나만큼' 이라는 기준과 상대 남자가 충족시켜야 하는 요건들은 서로 일치하지 않았다. 이 이중적인 기준을 발견하고 그녀는 9개의 특성을 모두 만족시키는 남자와 데이트하는 것은 불가능하다는 것을 깨달았다. 막연하게 생각했던 것들과 현재까지 분석한 결과의 편차가 너무나 크다는 것을 알았고, 그 중에서도 가장 차이가 큰 3가지 기준을 발견했다.

데이터 결과를 보고, 그녀는 경제적인 측면을 그녀의 기준에 맞도록 바꿨다.

- 그는 모든 자산을 합하면 최소 700,000달러는 되어야 한다. 모든 자산이란 부동산(자택이나 콘도), 자동차(국내산, 외국산), 퇴직 후 계획, 현금이나 기타 투자액을 모두 합한 것을 말한다.

그녀는 9개의 측정할 수 있는 특징들을 적어 놓은 목록에서 3가지를 좀더 구체화시켰다.

- 연간 수입이 최소한 125,000달러는 되어야 하고, 학벌은 4년제 대학 졸업 이상이어야 한다. 그리고 마약중독 사실이 없어야 한다.

그 다음으로 일레인은 이상형이 충족해야 하는 조건들과 측정할 수 있는 기준들 중 4가지는 어느 정도 수위를 낮췄다. 결혼 경험 유무, 용모, 직업, 그리고 연령에 대해서 처음에는 '꼭 그래야 한다' 라는 기준을 세웠지만 이제는 그 수위를 '그랬으면 좋겠다' 정도로 낮추었다.

그 후, 일레인은 **수집한 데이터를 검토하고 요약하는 5단계**를 실행했다. 그녀는 우선 누락된 정보가 있는지, 혹은 비운용차원으로 정의된 것은 없는지 알아보기 위해 Q & A의 목록을 꼼꼼하게 살펴보았다.

적어 놓은 특징들을 살펴보면서 그녀는 아직까지도 모호하고 막연한 특징들이 섞여 있다는 것을 발견했다. 즉 실제적이고 기꺼이 배우려 하는 자세, 이해심과 사려 깊음, 유머감각과 커뮤니케이션 능력 등은 비운용적 언어로 정의된 조건들이다.

그녀는 그 중에서 그녀의 이상형이 갖추어야 할 조건으로 커뮤니케이션 능력과 담백한 유머감각, 두 가지만 꼽기로 했다. 지금까지 일레인은 이상형을 생각할 때 직관을 이용한 즉각적인 반응에 의지했었고, 그 때문에 막연하고 모호한 기준들을 잔뜩 써

놓았다. 이를 깨달은 일레인은 커뮤니케이션과 유머감각이라는 두 가지 특성을 자세하게 분석하기 시작했다.

일레인이 처음 세웠던 기준처럼 단순히 '커뮤니케이션 능력'이라고 말하면 어떤 준비 없이도 대화를 시작할 수 있는 능력을 말한다. 그녀는 측정할 수 있는 기준을 세우기 위해 '대화' 라는 용어를 명확히 하는 질문을 하기 시작했다.

커뮤니케이션 능력은 대화의 내용과 관련된 것인가? 그렇다면 대화 주제는 무엇인가? 세계적인 사건들 · 스포츠 · 예술 · 비즈니스? 또 토픽은 다양한지, 아니면 특정한 토픽에만 치중하는지?

그녀는 곰곰이 생각한 끝에 '주어진 시간의 50% 정도는 어떤 주제에 관한 것이든 먼저 대화를 시작할 수 있는 남자' 를 기준(무엇이 일어나야 하는가)으로 정하기로 했다. 실제로 어떤 일이 일어나는지를 살펴보기 위해, 그녀는 앞으로는 데이트를 하면서 어떤 식으로 대화가 오가는지 데이터를 수집하기로 결정했다. 만약 이 기준도 편차가 상당하다면 그녀는 그때 가서 이 기준을 변화시켜야 할지, 혹은 수정해야 할지를 결정할 것이다.

그 다음으로 일레인은 그녀의 '이상형' 남자가 갖추어야 할 또 다른 조건, 유머감각에 대해 생각했다. '솔직담백한 유머감각' 이라는 말은 너무나 모호했다. 일레인의 기준에 따르면 담백한 유머감각이란 천박하고 시끄러운 유머가 아니라 지적인 위트다. 그녀는 여러 아이디어를 대조하거나 섞어서 유머러스한 한마디로 재빠르게 표현할 수 있는 그런 남자를 원한다. 그녀는 그 특징을 측정할 수 있는 언어로 바꾸었다.

그는 주어진 시간 동안 시끄럽고 천박한 유머는 5% 이상 구사해서는 안 된다. 그녀는 앞으로 데이트를 하면서 상대방 남성이 어떤 유머를 구사하는지 마음속으로 헤아리기로 했다. 유머에 관한 이 기준은 어떤 경우에도 수정하지 않을 생각이다.

데이터를 좀더 면밀하게 검토해 보면, 일레인은 처음에 '오래 지속되는 관계를 맺을 수 있는 남성' 을 원한다고 했는데, 이 문장 자체가 무엇을 의미하는지도 명확하지 않다는 것을 알 수 있다. '오래' 라는 것은 어느 정도의 기간인가? 6개월? 1년? 또 '관계' 라는 것은 또 어떤 의미인가? 함께 사는 것? 각자의 공간에서 사는 것? 결혼?

데이터는 모자라도 한참 모자랐다. 일레인은 이 단어들을 운용차원으로 재정의해야 한다. 가령, '오랜 기간'이란 최소 1년 이상이고 그녀가 말하는 '관계'란 각자의 공간에서 자신의 생활을 유지하면서 최소 2년 동안은 결혼에 대해서는 고려하지 않는 것이라는 식으로 말이다.

일레인은 이제 6단계로 넘어갈 차례다. 수집한 데이터들은 그녀가 데이트한 남자들에게 어떤 문제가 있던 것이 아니라, 이상형에 대한 자신의 모호한 묘사가 문제였다는 것을 드러냈다. 그녀는 이상형의 특징을 명확하고 측정할 수 있는 언어로 정의한 후에야 처음에 세웠던 기준들이 모호했기 때문에 문제가 발생했다는 것을 발견했다. 그녀가 이상형에게 바랐던 경제적인 기준은 완전히 잘못된 것이었고, 또한 측정가능하게 설계된 그녀의 기준을 상대방이 모두 충족시켜야 한다는 것도 사실상 무리였다.

운용분석의 프로세스를 통해 이제 그녀는 자신만의 판타지 속에서가 아니라 '현실 속의' 이상형이 가져야 하는 기준을 새롭게 마련했다. 이 기준은 6가지의 특성에 대해 언급한다.

그녀는 최소한 1년 이상 지속되는 관계를 원하며, 그 관계는 각자의 공간에서 서로의 프라이버시를 존중해주는 식으로 유지되어야 한다. 그리고 사귀는 동안 적어도 2년 동안은 결혼문제를 언급하지 않아야 한다.

그는 부동산, 자동차, 노후 계획, 그리고 현금이나 여타 투자액 등의 모든 자산을 포함하여 최소한 700,000달러 이상의 재산을 가지고 있어야 한다. 부동산은 자택이든 콘도든 상관없으며, 자동차 역시 미국산이든 외국산이든 상관없다. 또한 연수입이 최소 12,5000달러는 되어야 하고 4년제 대학졸업 이상의 학벌을 가져야 하며, 마약을 비롯한 어떤 약물에도 중독된 사실이 없어야 한다. 주량은 주당 120cc 정도고 비흡연자여야 한다. 또 데이트 시간의 반 정도는 특정 주제를 가지고 먼저 대화를 이끌어갈 줄 알아야 한다. 그는 지적인 위트가 넘치고 아이디어를 대조하거나 섞거나 하여 유머러스한 한 마디로 하고 싶은 말을 재빠르게 할 줄도 알아야 한다. 시끄럽고 천박한 유머 따위는 5% 이상 구사해서는 안 된다.

그녀는 앞으로는 데이트를 하면서 이 6가지 측정가능한 특성

을 데이트 상대가 만족시키는지를 살펴볼 것이다. 그녀는 자신
의 삶에 있어 가장 중요한 결정 중에 하나를 이러한 객관적 과정
을 통해 내리게 될 것이다.

물론, 일레인은 이상형 남자가 충족시켜야 하는 기준과 함께
자기 자신에 대한 질문에도 대답을 해야 한다. 이는 그녀에겐 매
우 도전적인 일이지만, 꼭 해야 하는 일 중 하나다.

"내가 어떤 남성상을 원한다면, 그 남성의 관심을 끌 만한 나
자신의 특성은 무엇인가?"

그녀는 이상형 남자에 대한 기준을 세우면서 동시에 위 질문
에 대한 답도 내려야 한다.

"너는 네 강아지도 돌보지 않잖아"

내가 원하는 거니까 해주세요

마이크는 이제 곧 11번째 생일을 맞는다. 그와 그의 아버지 존 *John*은 마이크의 생일을 축하하는 의미로 소풍 겸 낚시하러 가기로 했다. 마이크는 그날을 기대하며 정말 설레어했다.

존은 덴버 *Denver*에 있는 컴퓨터 회사의 판매부 부장인데, 한 달에 2주 정도는 출장을 가야만 했다. 결혼을 하고 나서 존은 가정에서나 직장에서 책임감을 더 많이 느꼈고, 때문에 아들을 사랑하는 것만큼 긴 시간을 함께 보내지 못했다. 부자간에 많은 시간을 함께 보내지는 못했지만 마이크와 존은 아주 사이가 좋았다. 얼굴을 보지 못할 때에는 이메일으로든 전화로든 이야기를 나누었다.

그들은 차를 타고 호수로 가면서, 다가오는 마이크의 생일에 대해 이야기를 나누었고, 마이크는 생일 선물로 '말 한 마리'를 갖고 싶다는 특별한 소원을 말했다.

"제 친구들 중 2명은 말을 갖고 있어요. 걔네가 말에 태워 줘서 탔었는데 너무 재미있었어요. 그렇게 한번씩 얻어 타는 거 말고 나만의 말을 갖고 싶어요."

마침 15살 된 500달러짜리 미국산 단거리 경주마를 팔고 싶어 하는 사람이 있었고, 마이크의 친구가 그 사람을 알고 있었다. 이 가격은 아주 저렴했고, 더군다나 집에서 말을 키우는 것은 그다지 많은 비용이 들지도 않는다고 한다. 마이크는 다른 스포츠 이벤트에는 더 이상 돈을 쓰지 않을 테니, 존에게 말을 키우는 것을 허락해달라고 제안했다.

존은 마이크의 말을 듣자마자 마이크에게 물었다.
"엄마한테는 말해 봤니?"

마이크는 존의 질문에 우물쭈물하면서 대답했다.

"엄마는 안 된다고 했어요. 지금은 그럴 만한 여윳돈이 없대요."

존은 마이크가 문제를 가지고 있다고 생각했다.

그는 마이크에게 말을 소유하는 것과 관련된 여러 문제들을 충분히 고려했는지를 물었다. 만약 정말로 집에서 말을 기르고 싶다면, 해당지역의 규제사항부터 살펴보아야 한다. 마이크의 친구들은 말을 기를 수 있는 구역에 살고 있지만, 마이크는 아닐 수도 있기 때문이다.

존은 말을 소유하는 것과 관련해서 다른 질문들을 계속했다.

"겨울에는 말을 어떻게 돌볼 생각이니?"

"안장을 포함해서 어떤 물품이 필요하고, 그 비용은 얼마나 들지?"

"지금 엄마가 개한테 밥을 주고 털을 손질하고 씻기고 하는 것처럼 너도 말을 매일 돌볼 준비가 되어 있니?"

"정말 그렇게 할 수 있겠어? 오랫동안 다른 곳에서 길러진 동물을 먹이고 적절하게 돌보겠다는 책임감이 마음속에 있어?"

마이크는 질문 중간중간 "하지만, 아빠" 하며 존의 말을 가로

막았지만, 계속되는 질문에 그 외에는 어떤 말도 하지 않고 침묵을 지켰다. 몇 분 후, 마이크는 존에게 "지금은 아빠의 질문에 아무것도 대답할 수 없어요"라고 말했다. 절망스럽게 말하는 아들의 목소리를 들으면서 존은 이렇게 말했다.

"이제부터 아빠가 네가 원하는 대답을 찾는 데 도움이 될만한 문제해결 과정을 설명할게. 지금부터 말을 사서 기르는 데에 정확히 비용은 얼마나 드는지를 알아보도록 하고, 지금 아빠가 했던 질문들에 대해 정확한 답을 찾으려고 노력해 보렴. 조사를 게을리 하지 않는다면 엄마한테는 아빠가 얘기해줄게. 우리 함께 진지하게 이 문제를 생각해 보자."

존은 이어서 "이제 너도 어떤 요구를 할 때 막연하고 모호한 이유를 대서는 안 되는 그런 나이가 된 거야. 예를 들어 '내 친구가 말을 가졌으니까 나도 말을 갖고 싶어' 라는 식으로는 상대방을 납득시킬 수가 없단다"라고 말했다.

마이크는 자신의 요구를 정의하고 가늠하는 법을, 그리고 자신이 하고 싶은 바를 다른 사람에게 정당하게 설득하는 법을 배울 필요가 있다. 존은 집으로 돌아가면 오늘 둘이서 나눈 대화를

 바보들은 항상 문제가 뭔지도 모른다

마이크의 엄마에게도 설명할 것이라면서 "조사를 하면서 도중에 조금이라도 의문이 나는 것이 있으면 언제든지 아빠나 엄마에게 와서 도움을 요청할 수 있어"라고 말했다.

바로 그 다음날부터 마이크는 자신의 과업을 수행했다. 우선 그는 엄마에게 아빠와 함께 토론했던 질문목록을 보여줬고, 거주 지역의 규제법안에 대해 알고 있는지를 물었다. 그녀는 마이크가 필요로 하는 대답을 해줄 수가 없었다. 대신, 지구설정 부서*zoning department*에서 정확한 정보를 마이크가 얻을 수 있도록 집에서 재산 목록*property description*을 찾아냈다. 마이크는 이를 통해 이런 문제를 담당하는 관할 부서가 도시계획부 *City's Planning Department*라는 것을 알아냈다. 그는 즉시 그곳을 방문했고, 거기서 자기 집이 536구역에 위치하고 있으며 말을 3마리까지는 기를 수 있다는 대답을 들었다.

긍정적인 대답을 얻은 마이크는 잔뜩 흥분해서는 인터넷에서 말에 대한 정보를 수집하기 시작했다. 그는 또 방과 후에는 말을 키우는 두 농장에 들르기로 약속을 잡았다. 우선 당장 필요한 정보를 농장주인에게서 얻기 위해서다. 마이크는 농장주인을 만나서 여러 가지 질문을 했고, 다음과 같은 답을 얻었다.

1. 초보자가 기르기엔 어떤 말이 제일 좋은가?

: 거세한 8살짜리 미국산 단거리 경주마.

2. 그가 사기에 적당한 말의 가격은 어느 정도인가?

: 사육된 적이 있는 말은 1,000달러에서 5,000달러 내외가 적당.

: 쇼에 나오는 말은 최소한 10,000달러 이상이다.

3. 안장 가격은 얼마인가?

: 뉴택 *New Tack* 안장받침 2개, 안장, 고삐 등을 합치면 500달러에서 1,000달러 정도가 든다. 중고는 현재 임시가격으로 250달러 정도이다.

4. 먹이에 드는 비용은?

: 집에서 기르기 적당한 종류의 말은 매월 건초 420파운드 정도 소비하는데, 건초 비용은 월 47.14달러 정도 든다. 건초

외에 당분을 섞은 곡물도 하루 3파운드 정도가 필요한데, 이
는 월 16.20달러 정도가 든다. 배달료는 한 달에 25달러가 들
고, 배달비용을 포함해서 말을 먹이는 데에 드는 총 비용은
매월 88.34달러다.

5. 겨울에는 어떤 보호 장비가 필요한가?

: 방풍시설, 헛간, 오두막이나 지붕 등이 필요하고 어느 것을 선
  택하느냐에 따라 비용은 350달러에서 6,000달러로 다양하다.

6. 그 밖에 추가 비용은?

: 해충구제, 질병치료 등을 포함한 기본적인 연간 진료비 100
  달러.
  부상을 입을 경우 병원 이송료 50달러.
  베이거나, 다리를 절거나, 병균에 감염될 경우 치료비는 50달
  러에서 200달러가 들고 완치를 위해서는 350달러에서 500달
  러 정도가 든다.
: 편자 비용 연간 200달러.
: 전용솔, 발굽 다듬는 도구, 빗과 해충약 등에 총 100달러 정도.

: 집에서 말을 키우는 데 필요한 책임보험 필요. 보상금액은 300,000달러에서 1,000,000달러까지고, 부상과 재산상의 피해에 대한 공제금액은 1,000달러이다. 보험료는 매년 60달러.

부모님의 지도 아래 마이크는 여러 사실들을 조사하고 수집하고 분석했다. 그러면서 그는 안장과 먹이 등을 포함해서 8살짜리 단거리 경주마를 키우는 데 초기 비용이 2,600달러 정도 든다는 사실을 추산해냈다.

그런데 문제는 마이크의 친구가 알고 있는 사람은 15살짜리 단거리 경주마를 500달러에 판다고 했다. 전문가가 8살짜리 단거리 경주마를 추천한 것에 비하면 지나치게 말의 나이가 많았다. 그렇지만 마이크는 고집을 꺾지 않았다. 말을 포기할 수가 없었던 것이다.

그러다가 그는 농장주 중 한 사람이 제안했던 두 가지 옵션을 기억해냈다. 이는 마이크가 말을 집이 아닌 다른 곳에서 길러야 한다는 것을 골자로 한다.

첫번째 옵션은 말을 근처 농장에서 기르는 방법이다. 이 옵션

의 장점은 마이크의 말이 염소 같은 작은 가축들은 물론 다른 말들과도 함께 지낼 수 있다는 것이다. 이는 말이 안정감을 느끼고 외로움을 타지 않도록 해준다. 먹이, 제공 장소 등을 포함하여 말의 위탁 비용은 월 175달러에서 300달러 정도다. 농장에 위탁하는 경우에 마이크는 먹이를 사고, 운반할 필요가 없다. 그리고 매일 말을 탈 수도 있고 돌볼 수도 있다. 그렇지만 마이크의 부모님이 말을 사주신다고 해도, 말을 기르는 데 필요한 장비를 구입하는 것은 마이크의 몫이다.

두번째 옵션은 대규모 목장에서 말을 기르는 것이다. 목초지 이용료는 월 30달러에서 95달러 정도이고, 먹이나 장소 등에 대해서는 어떤 비용도 부담하지 않아도 된다. 말이 자기에게 필요한 기본적인 것들을 목초지에서 스스로 해결할 수 있기 때문이다. 비용이 들어가는 것은 사람이 말을 돌보는 부분인데, 이는 매일 일정 시간 말의 상태를 점검하거나 솔질을 해주는 정도다. 그렇지만 대규모 목장의 경우는 첫번째 옵션의 농장보다 멀리 떨어져 있다. 거리를 따져 보면, 50마일을 왕복 여행하는 수준이다.

또 마이크는 두번째 옵션에 대해 조사하는 도중 책임보험이 마구간이나 목장에서 키우는 말들에게 적용되기는 하지만, 마이크의 친구들이 그곳에서 함께 말을 타는 것까지는 보장해주지 않는다는 말을 들었다. 순간 그는 시간을 낭비했다는 느낌이 들어서 짜증이 났다.

'뭐야, 괜한 일에 시간만 낭비했잖아. 보험이 적용되지 않으면 친구들을 불러서 말을 자랑할 수도 없고, 같이 놀 수도 없는 거잖아.'

그의 어머니는 그런 마이크의 심정을 이해한다고 말하면서 다음과 같은 사항을 지적했다.

"마이크, 옵션에 대해 이런저런 생각을 전개시키기 전에 친구들이 말을 가지고 와서 너와 함께 타고 놀 수 있는지를 먼저 우선적으로 알아봤어야 하는 거란다. 말을 갖게 되면 네가 제일 먼저 하고 싶은 게 무엇인지, 그리고 옵션이 이를 충족시켜 줄 수 있는지를 제일 먼저 생각하는 게 편리하단다."

말을 키우는 데에 드는 모든 비용을 고려한 후, 마이크는 이제 자기가 말을 가지는 것이 불가능하다는 것을 깨달았다. 그는 부

 바보들은 항상 문제가 뭔지도 모른다

모님께 이 모든 사실을 체계적으로 설명했고, 마이크의 조사발표를 들은 존은 아들이 낙담하지 않도록 장기계획을 세워 보는 것은 어떠냐고 제안했다.

"그렇게나 말이 갖고 싶다면, 지금 당장은 무리라고 해도 네스스로 장기적인 계획을 세워 이를 실천하는 것도 하나의 방법이 될 수 있단다."

마이크는 말의 구입비용을 충당할 돈을 마련하기 위해 3년 만기 예금계좌를 가질 수도 있다. 그가 진지하고 책임감 있는 태도를 보여준다면 부모님이나 친척들에게 여분의 용돈을 받을 수 있을 테고, 이를 저금하면 될 것이다. 또 조금 더 시간이 지나면 동네에서 아르바이트를 해서 얼마간의 돈을 벌 수도 있을 것이다. 그러면 매년 마이크와 그의 부모는 예금계좌를 들여다보면서, 약정된 기간 내에 목표금액을 만들 수 있는지 없는지를 가늠할 것이다. 마이크는 이 장기 계획이 마음에 들었다.

나중에 존은 마이크에게 설명했다. 마이크가 사실을 발견하기 위해 이리저리 오가며 벌였던 조사작업은 '문제를 분석하고 해결하기 위한 10단계 가이드' 와 비슷하다는 것을 말이다. 이 가이

드는 존이 직장에서 새로운 아이디어나 제안 등을 제시하기 전에 적용하던 것이다.

존도 처음에는 마이크처럼 그가 원하는 것을 모호한 단어로 적어 보는 것부터 시작한다. 그런 다음 생각과 말을 운용차원의 구체적인 단어로 표현하기 위해 필요한 정보를 수집했다. 그리고 '나는 원한다' 라는 말이 자신의 능력이나 경영상에서 오는 실질적인 한계와 충돌하는지를 측정한다. 즉 그 자신이 새로운 아이디어나 제안을 실행할 능력이 있는지, 그리고 회사는 그의 아이디어나 제안을 실현할 만한지를 분석하는 것이다.

이러한 과정이 그가 원하는 것을 얻을 수 있다는 보장을 해주지는 못한다. 그렇지만 이 분석과정은 그의 아이디어를 구체화시키는 데에 아주 큰 도움이 된다. 마이크가 충분히 검증된 조사결과를 내놓으면, 그 제안을 존이 검토했던 것처럼 말이다.

마이크의 조사는 결과적으로 좀더 현실적이고 객관적인 방식으로 그가 부모와 의사소통할 수 있도록 도왔다. 마이크의 부모는 그가 조사를 훌륭하게 마치려면 어떻게 시간을 운용해야 하는지를 지도하면서 만족감을 얻었다. 후에 마이크는 학교 숙제를 할 때에도 이와 같은 과정을 적용했다. 시험문제 분석, 선생님이 내주는 숙제, 에세이나 연구보고서 작성 등을 할 때 마이크는 이 방법을 사용했고 그럼으로써 더 나은 결과를 도출해낼 수 있었다. 마이크의 부모는 이처럼 마이크가 객관적인 사고를 계속해 나갈 수 있도록 독려할 것이다. 이러한 사고방식이 마이크의 생에 매순간마다 자리할 수 있도록 하기 위해서 말이다.

"아, 정말 못해 먹겠네"

회사에 남을 것인가? 아니면 그만둘 것인가?

스코트는 10년 전 경영대학을 졸업하고 텍사스*Texas* 주 포트 워스*Ft. Worth* 시에 있는 큰 상업은행의 경영자 훈련생으로 지원했었다. 그렇지만 그 프로그램은 6개월간의 채용동결로 인해 중단상태에 있었다. 그래서 그 은행 인적자원 부서의 부장은 스코트의 훌륭한 학업성적과 긍정적인 태도, 그리고 지역 봉사활동에 헌신적으로 참여한 것을 높이 평가해 당분간 금전출납원 자리를 제공하기로 했다.

스코트는 동결조치가 풀린 후인 23살 때 그 프로그램에 들어갈 수 있게 되었다. 그는 그 과정을 통해 고객 서비스, 대출 업무, 자금경영, 그리고 컴퓨터와 관련된 은행 서비스에 이르기까지 은행업무 전반을 배웠다. 연수의 마지막 해인 3년째에는 펜실베이니아 *Pennsylvania* 주의 필라델피아 *Philadelphia* 에 있는 본사에서 교육을 받았는데, 그곳은 은행의 모든 경영을 책임지는 곳이다.

스코트가 모든 교육 프로그램을 수료했을 때, 회사 측은 그에게 3%의 임금 인상과 은행 본사에 있는 선진기획부서 *Advanced Planning Department* 의 일자리를 제안했다. 스코트는 심사숙고한 후 자신의 관심사는 회사의 전체적인 정책이나 의사를 결정하는 것이 아니라 개인 고객들을 상대로 하는 은행거래라고 말했다.

게다가 본사에 있으면 고객과 접촉할 수 있는 기회가 있다 하더라도 이는 필라델피아 고객에만 한정된다고 들었다. 스코트는 그의 고향인 포트워스로 돌아가고 싶었던 것이다. 가족과 친구들도 보고 싶었고 함께 봉사활동을 했던 사람들도 보고 싶었다. 여러 가지 생각을 마친 후, 그는 회사의 제안을 정중하게 거절했다.

다시 고향으로 돌아왔을 때, 스코트는 금세 새로운 일자리를 찾을 수 있었다. 포트워스 인접 지역에 6개의 지점을 가진 작은

 바보들은 항상 문제가 뭔지도 모른다

독립 은행의 지점장대리 *Assistant Branch Manager* 자리였다. 그는 그 은행에 취직했고, 그 후 4년 동안 스코트도 은행도 쑥쑥 커나갔다. 다른 소규모 은행을 인수하면서 스코트의 은행은 점점 확장되었고 그렇게 은행의 지점 수는 15개까지 늘어났다. 스코트는 지점장으로 승진했고, 지점장으로서 2년간 열심히 일했다. 그가 지점장으로 일한 곳은 지방 소도시에 있는 작은 지점이었다. 그렇지만 규모 같은 것은 스코트에게 문제가 되지 않았다. 그는 그런 평온하고 가족적인 분위기가 무척 마음에 들었으며, 열심히 일한 결과 그 지역의 사람들은 모두 그가 그 지역에 공헌한 바가 크다고 인정해주었다.

그러던 어느 날 뉴욕에 본사를 둔 어느 거대 은행이 그 마을에 들어온다는 소문이 돌기 시작했다. 그리고 얼마 후 소문대로 재벌 은행은 스코트가 다니던 회사를 통째로 인수해버렸다. 스코트는 이 일이 앞으로 자신의 일에 어떤 영향을 미치지는 않을지 걱정이 되기 시작했다. 1단계, 문제가 있다는 사실을 인식한 것이다.

스코트는 문제가 있다는 사실을 인지하자마자, **문제의 배경**

요소를 분석하고 문제를 한 문장으로 기술하는 2단계에 들어갔다. 그는 새로운 회사의 경영진과 사전회의를 가졌고, 새로운 회사 측에서는 스코트가 지금 자리에 계속 있어주기를 바란다고 말했다. 그렇지만 지점장이 가지고 있었던 기존의 권한과 책임은 약간씩 변화될 것이라는 대략적인 이야기를 했다.

스코트는 자신이 책임지고 해오던 이제까지의 일들이 달라질 것이라는 사실에 걱정했다. 지금까지 그가 해왔던 고객 서비스에 전면적인 변화가 생길지도 모르는 일이었기 때문이다. 이전까지 지역사회를 지원하거나 지역 자선단체의 행사를 지원하는 것과 같은 일들은 전적으로 그의 재량에 달려 있었다. 하지만 이제는 그런 고객 서비스를 진행하는 데 쓰였던 지점장 관할 예산이 거의 45%나 삭감될 판이었다.

다음 회의에서 지부장 *Area Manager*은 지점장들을 모아놓고 새로운 은행의 정책과 운영사항이 설명된 컴퓨터 소프트웨어 프로그램을 교육시켰고, 각 지점의 직원들에게도 그 프로그램을 교육하라고 지시했다. 지부장은 각 지점의 직원 교육상황을 체크하면서 스코트의 커뮤니케이션 능력과 컴퓨터 실력을 유심히 지켜보았다. 그리고는 그에게 새로운 프로그램을 잘 다루지 못하는 직원들을 도우라는 지시를 내렸다. 새로 부과된 이 일과 더불어 예전의 지점관리 업무도 병행해야 했기 때문에, 스코트는 거의 두 달간 밤낮없이 일했고 때로는 주말에도 사무실에 나와 일해야 했다. 그는 그 모든 일을 훌륭히 수행하려 무척이나 노력했지만, 그렇다고 해서 특별상여금이나 승진 같은 보상이 주어지지는 않았다.

결국 스코트는 업무와 회사에 실망하기 시작했고, '여기서 계속 열심히 일하는 것이 정말 좋은 것일까' 하며 회의를 느끼게 되었다. 그는 다음과 같은 한 문장으로 문제를 기술했다.

「새로운 은행에 남을 것인가? 아니면 그만둘 것인가?」

그는 계속해서 문제의 존재를 확인하고 증명할 데이터를 수집하는 3단계로 넘어갔다. 스코트가 생각하기에 가장 중요한 문제는, 자신이 가진 '재정적인 권한이 어디까지인가' 하는 것이었다. 고객을 위해 그가 펼칠 수 있는 재정적 재량권이 어느 정도인지가 그에게는 가장 중요했다. 그는 새로운 자리가 야기할 수 있는 모든 변화(누가, 무엇을, 언제, 어디서, 어떻게, 왜, 그리고 얼마나)에 대해서 체계적으로 다시 정의해 보았다(〈표 5-1〉을 보라).

〈표 5-1〉 지점장의 재정적 책임 대조

책 임	예전 은행 (과거엔 어땠었나?)	새로운 은행 (지금은 어떠한가?)
대출 권한 (자동차 대출, 주택 담보 대출)	대출 1건당 최대 700,000달러	없음. 대출과 신용 한도는 본점의 대출 부서에서 결정함
당좌 승인	고객 한 명당 최대 10,000달러	없음. 지점장은 고객이 신용 한도액을 정하는 것을 도와주기만 함.
부채 상환	지점장의 선택	선택권 없음. 사유서를 작성하여 본점의 운영부서에 보냄.

〈표 5-1〉을 보면, 스코트의 책임과 권한이 100% 달라졌다는 것을 알 수 있다. 그가 지점장으로서 가졌던 이전의 권한은 대폭 줄어들었다. 이로써 그는 지금 심각한 문제에 직면했다는 사실을 확실하게 증명할 수 있었다.

문제가 있다는 것을 증명한 스코트는 4단계, 추가적인 정보 수집하기에 들어갔다. 스코트는 이전까지 자신이 고객들에게 제공하던 서비스를 앞으로는 제공하지 못하게 되리라 생각했다. 벌써부터 그의 고객들은 새로운 은행의 고객 서비스 정책에 불만을 터뜨리기 시작했고, 전과는 달리 개인 고객들의 요구를 무시하는 은행의 불친절한 태도에 불평하기 시작했다.

그런데 스코트가 사방에서 쏟아져 들어오는 고객들의 불만사항을 분석하기도 전에, 새 은행의 지역 본부장 *District Manager*이 이런 제안을 했다.

"지부장이 6일 뒤에 조기 퇴직을 하려고 한다네. 자네의 뛰어난 경력을 고려해 볼 때, 자네라면 충분히 그 자리를 맡아줄 수 있을 거라 생각하네."

지역 본부장은 스코트가 지부장 자리로 승진하면 다음과 같은 책임과 권한을 갖게 될 거라며 그 세부사항을 알려주었다.

- 8명의 지점장을 관리한다.
- 지점장들이 자신의 직위에 관련된 은행 내규와 법에 확실히 따르도록 한다.

- 모든 대출은 반드시 관계 대출부서에 조회하도록 한다.
- 고객별로 당좌대월 한도를 5,000달러까지, 수신 은행 수수료 지불은 구좌당 50달러까지 지점장들이 문서로 작성하여 정당성을 증명하면 승인할 수 있다.
- 다른 지점으로 출장을 가는 일이 많다(개인소유 차량이용 시 휘발유 제공).
- 비상시 24시간 호출에 응한다.

지역 본부장은 스코트에게 연봉 61,000달러와 연간 1,500달러까지 스톡옵션을 제공하겠다고 제안했다. 그리고 현재 그가 받고 있는 다른 혜택들도 그전과 동일하게 유지시켜 주겠다고 말했다. 지역 본부장은 여러 조건에 대해 설명한 다음 마지막으로 이렇게 말했다.

"생각할 시간을 2주 주도록 하겠네. 만약 자네가 이 제안을 거절한다고 해도 지금 자리에는 그대로 머물 수 있으니 신중하게 생각해서 결정해주었으면 좋겠네."

스코트는 지역 본부장이 그에게 그런 자리를 제안해준 것도 고마웠지만, 생각해 볼 시간을 주면서 대답을 기다리겠다고 한 것이 무척이나 고맙게 느껴졌다.

제안을 받은 다음 스코트는 지점장과 지부장이 가지는 서로 다른 재정적 책임과 권한에 대하여 천천히 생각해 보았다. 또한 이에 대한 체계적인 분석과 함께, 그가 고객과 함께 보낼 수 있는 시간이 얼마나 되는지도 생각해 볼 필요가 있었다. 지부장으로 승진할 경우 지점장으로 남을 때와 비교하면 고객과 접촉할 수 있는 시간 또한 분명히 달라지기 때문이다(〈표 5-2〉를 보라).

〈표 5-2〉 고객과 보내는 시간 비교

지점장	지부장
고객들의 불평과 질문 전화의 30% 처리	고객과의 통화 없음
고객들과 직접적인 접촉은 10%	고객과의 직접적인 접촉은 1%

이 분석 결과를 보면 지점장일 때와 지부장이 될 경우 전화로 고객과 만나는 시간은 100%의 편차를 보이며, 고객과 직접적으로 얼굴을 맞대고 접촉하는 것 역시 두 경우를 비교하면 99%의 편차가 난다. 스코트는 이러한 편차 역시 매우 중요한 문제라고 생각했다. 그에게 있어 이는 앞서 생각했던 재정적인 책임과 권한 못지않게 큰 문제다. 그가 이 은행을 계속 다니는 한 고객과의 접촉 문제는 재정적 재량권 문제와 더불어 그를 계속해서 괴롭힐 것이다. 왜냐하면 이러한 편차의 궁극적인 원인은 결국 새로운 은행의 달라진 고객 정책에서 기인하기 때문이다.

자신과 맞지 않는 정책을 시행하는 은행에서 일한다는 건 어려운 일이다. 그렇다면 '사직'을 하는 것은 어떨까? 회사를 그만두고 새로운 직장을 구하려면 업계의 상황이 어떤지, 그리고 어떤 곳에서 어떤 인력을 필요로 하는지를 좀더 연구해야 한다.

그는 인터넷 구인광고를 뒤지거나 외부 은행의 몇몇 전문가들을 만나 정보를 수집했다. 그리고 주말에는 그의 약혼녀인 멜리사 *Melissa*를 만나 이직에 관해 이야기를 나누어 보았다. 그녀는 컴퓨터 소프트웨어 회사에서 마케팅 부장으로 활약하고 있는데,

스코트의 이야기를 신중하게 경청해주었다. 스코트는 그녀에게 자신이 모은 자료들을 보여주면서, 새로운 은행에서 그의 지위와 상황이 크게 변하고 있으며 그 때문에 적잖이 실망하고 있다는 이야기를 했다.

멜리사는 스코트의 말을 주의 깊게 듣고 그가 보여준 자료들을 훑어보다가, 불현듯 손바닥을 치며 "CSI 소프트웨어 사!"라고 말했다. 그녀의 말에 따르면 CSI 소프트웨어 사는 지금 한창 창업 준비 중인데, 함께 일할 창업 멤버를 구하고 있다. 그 회사는 금융기관에서 사용할 제품들을 설계하고 생산하는 회사고, 소문에 따르면 그 회사의 홍보*Public Relations* 파트 부사장이 지역사회 관계(Community relations : 특정 기관이 지역사회와의 사이에 의도적으로 맺는 여러 관계의 이념 및 구체적인 방법, 이하 CR—옮긴이) 파트의 부장 대리를 찾고 있다는 것이다. 특히나 금융 소프트웨어를 사용해 본 경험이 있고, 지역사회에서 활동한 적이 있는 사람이면 좋겠다고 했다. 멜리사는 이렇게 말했다.

"해 볼만한 가치가 있는 일이라고 생각해요."

스코트도 그녀의 생각에 동의했고, 그는 부사장에게 직접 전화를 걸어 인터뷰를 요청했다.

CSI 소프트웨어 사의 홍보 파트 부사장은 그의 전화를 받고 바로 그 다음날 인터뷰 일정을 잡았다. 스코트는 면접을 봤고, 나흘 후에 함께 일해 보자는 '합격' 전화를 받았다. 부사장은 스코트에게 연봉 63,000달러와 2,500달러의 상여금을 제안했다. 스코트가 지원한 자리는 회사의 대변인 역할을 하고 부사장의 업무를 돕는 게 주 업무다. 또한 회사의 생산라인을 지원하면서 CSI의 고객들을 직접 만나 일할 기회도 많다.

스코트가 보기에 그 자리는 정말 이상적인 직장이었다. 그는 지금 다니고 있는 은행을 떠나고 싶었고, CSI 소프트웨어 사에서의 업무(재정과 관련된 업무와 지역단체의 활동을 지원하는 일)는 자신의 특기와 적성에 정말 잘 맞는 것 같았다. 그는 CSI의 제안을 받아들일 것인가, 말 것인가를 놓고 최종 결정을 내리기 위해 더 많은 데이터를 수집해야 했다.

그는 지금 은행에 지점장이나 지부장으로 계속 머무는 것이 무엇을 의미하는지를 비교적 명확하게 정의하기는 했지만, 은행을 그만두는 것과 관련해서는 아직도 모호한 부분이 많이 있었던 것이다.

그는 CSI 소프트웨어 사의 부사장에게 전화를 걸어 인터뷰하는 동안에 명확히 하지 못했던 사항들을 다시 한번 확인했다. 다음은 스코트가 부사장에게 질문한 목록이다.

- 출장
- 자택근무
- 이른 아침 회의에 참석하기
- 때때로 야근
- 정기총회 *convention* 에 참석하기

이에 관해 부사장은 자세한 정보를 주었다.

- 댈러스 *Dallas* 지역에서 한 달에 1주일을 근무해야 한다.
- 자택 근무는 주당 5시간에서 20시간까지 다양하게 시행될 수 있다.
- 현재 조찬 회의는 한달에 네 번 시행된다.
- 지역단체의 기금모금 행사와 같은 저녁 회의는 9월부터 1월까지 15번 있다.
- 대략 1년 중 한 달 정도는 정기총회에 할애된다.

사실 CSI에서 그에게 제안한 자리는 새로 만들어지는 자리기 때문에, 각 업무별로 특별히 정해진 근무시간이 있는 건 아니었다. 부사장은 스코트에게 특별한 회의가 없을 경우 사무실에서 그 스스로 자신의 근무시간을 조정해서 출장계획을 짜거나, 프레젠테이션을 하거나, CSI 고객을 교육하거나, 신규 혹은 기존 고객을 만나면 된다고 말했다. 구체적인 일정은 그의 일과에 맞춰서 자율적으로 계획을 세울 수 있는 것이다. 그리고 부사장은 이에 덧붙여 자택 근무를 하거나 차 안에 있을 때 쓸 수 있도록 노트북 컴퓨터를 제공하겠다고 말했다. 이렇게 해서 스코트는 만약 은행을 그만둘 경우에 필요한 다른 정보들도 사용할 수 있도록 정의한 셈이 되었다.

스코트는 계속해서 **수집한 자료를 재검토하고 요약하는 5단계**로 들어갔다. 우선 그는 수집한 자료를 면밀히 따져 보고 각각의 득과 실을 재확인했다. 그는 은행의 지점장으로 남는 것과 지부장으로 승진하는 것, 그리고 CSI 소프트웨어 사의 CR 부장 대리 자리로 회사를 옮기는 것을 꼼꼼히 비교해 보았다(〈표 5-3〉을 보라).

〈표 5-3〉 각각의 혜택 비교

은행 지점장	은행 지부장	CSI 소프트웨어 사의 CR부장 대리
연봉 55,000달러	연봉 61,000달러	연봉 63,000달러, 상여금 2500달러
스톡옵션 없음	최고 연간 1,500 달러의 스톡옵션	최고 연간 4000달러의 스톡옵션

스코트가 만약 은행에 지점장으로 계속 머문다면, 그의 연봉은 스톡옵션 없이 연간 55,000달러로 고정된다. 그리고 만약 지부장 자리로 승진을 한다면 연간 1,500달러의 스톡옵션에 연봉도 61,000달러로 올라간다. 그리고 3개의 안 중 마지막인 CSI의 제안을 받아들일 경우, 연간 4,000달러의 스톡옵션에 63,000달러의 연봉을 받게 된다. 게다가 이 경우에는 상여금도 2,500달러나 받게 된다. 스코트는 표를 그려 은행에 머무는 두 경우와 CSI 소프트웨어 사의 차이점을 보다 체계적으로 비교해 보았다(〈표 5-4〉를 보라).

<표 5-4> 은행과 CSI 소프트웨어 사의 혜택 비교

	은 행	CSI 소프트웨어 사
의료보험 혜택	50%지급	100%지급
병 가	60일 후부터 1주일	60일 후부터 2주
휴 가	7일 (유급)	11일 (유급)
수업료 보조	80%	100%
노후 연금	있음	있음
여름휴가	1~4년차까지는 2주 5~14년차까지는 3주	1~4년차까지는 3주 5~14년차는 4주
노트북 컴퓨터	지원 안 함	지원함
출 장	25마일 이내 타 지점 출장	장거리 출장 있음
핸드폰	지급	지급
호출기	지급	지급
호 출	24시간 대기해야 함	없음
자택근무	없음	있음
자동차	날짜당 지원 (개인소유 차량 이용시)	지원해줌 (유지비와 연료비까지)

스코트는 계속해서 데이터를 평가하는 6단계를 실행했다. 각각의 장단점을 비교해 보니, 은행에 그냥 머물러 있는 것보다 CSI 소프트웨어 사에 입사하면 연봉과 보너스가 많아지는 것을 별도로 해도 근로환경이나 복지측면에서 누릴 수 있는 혜택이 훨씬 컸다. 최신형 노트북을 이용할 수 있을 뿐 아니라 그가 평소에 늘 관심을 갖고 있었던 지역사회의 공동체를 후원하고, 자선단체의 발전을 지속적으로 도울 수 있는 것이다. 이는 누가 보더라도 CSI 소프트웨어 사로 옮기는 것이 더 이득이라는 것을 알 수 있다.

그렇지만 CSI 소프트웨어 사에서의 직책은 아직 정해진 일정과 업무 시간이 있는 것이 아니라서 불안정한 자리라는 단점이 있기는 하다. 지금까지 스코트는 단 한 번도 은행을 벗어나 본 적이 없었고, 은행이라는 곳은 구조적으로 아주 견고한 틀을 가지고 있기 때문에 이렇게 불안정한 자리로 옮긴다는 것이 약간 걱정이 되고 불안한 것 또한 사실이었다.

하지만 스코트는 그 자리에 가면 최소한 모든 업무의 20%는 자기 재량껏 변화시킬 수 있으리라 생각했다. 게다가 모든 업무를 부사장에게 직접적으로 보고할 것이고, 그렇게 되면 무언가

결정을 내리거나 추진하기 위해 수많은 결제 도장을 받으러 다니는 일도 없을 거라는 생각이 들었다. 이는 매우 매력적인 일이었으며 재량권을 중요하게 생각하는 그에게는 더 더욱 그러했다.

그는 그것이 측정할 수 있는 것이든 혹은 모호한 것이든 수집한 모든 정보를 평가했고, 결국 은행을 그만두는 쪽으로 결론을 내렸다. 그리고 CSI 소프트웨어 사의 제안을 받아들였다.

그는 처음에 '새로운 은행에 남을 것인가 아니면 그만둘 것인가?'라는 문장으로 분석을 시작했다. 그는 이 모호한 문장을 운용차원의 언어로 명확하게 표현해내는 데에 많은 시간을 소비했다. 그가 문제를 명확히 규명하고 자료를 수집하는 데에 많은 시간을 쓰기는 했지만 이는 충분히 그럴 만한 가치가 있는 일이었다. 그리고 그는 충분히 수집한 정보를 가지고 이직을 결심했다.

일단 스코트는 새로운 자리를 맡겠다는 결정을 내렸지만 아직 모든 문제가 말끔하게 해결된 것은 아니다. 여전히 모호한 채로 남아있는 사항이 있었다. 스코트는 이직을 결정하는 동시에 아직 모호하고 막연한 채로 남아 있는 측면들을 보다 명확하게 정의하는 작업을 시작했다.

　새 직장에 가서도 또 어떤 선택의 문제들이 그를 기다릴지 모르지만 그는 이 문제해결의 프로세스로 언제든지 자신에게 있어 최선의 선택을 할 것이다.

"나 보고 뭘 어떻게 하라고!"

앞으로 어떻게 생활해나갈 것인가?

48세의 평범한 주부 수잔은 55세인 남편 데이비드*David*와 남부 캘리포니아*Southern California*의 어느 조용하고 한적한 동네에 산다. 그들 부부에게는 대학에 다니는 20살 된 아들과 고등학교에 갓 입학한 16살짜리 딸이 있다.

수잔은 아이들이 아주 어릴 때 다니던 직장을 그만두었고, 그 후에는 전업주부로 지내며 아이들과 가사일밖에 모르고 살았다. 제법 견실한 건축회사에서 전기 기술자로 근무했던 데이비드는 6년 전쯤부터 오랜 친구 아론*Aaron*과 함께 건축회사를 차려 동업을 시작했다. 마찬가지로 전기 기술자였던 아론은 데이비드와 사업을 시작하기 3년 전에는 주택설계를 전문으로 하는 회사를 차렸었다. 그러다가 상가건물까지 사업을 확장시키고자 했고 그러기 위해서는 데이비드와 같은 상가건축 분야에 경험이 있는 파트너가 필요했던 것이다.

사업을 하는 데에는 약간의 경제적인 부담이 따랐지만, 데이비드는 아론과 함께 새로운 사업에 뛰어들기로 결심했다. 그러기 위해서 그때까지 모아둔 저축액 80,000달러를 투자했고, 집을 담보로 은행에서 200,000달러를 대출했다. 덕분에 수잔은 다시 직장에 나가야 했지만, 그에 대해 불만을 갖지는 않았다. 그렇지만 저축해둔 모든 돈을 사업에 투자한 것은 마음에 걸렸다.

수잔과 데이비드는 이러한 상황에 대해 아이들과도 함께 이야기를 나누었다. 사실 이런 상황은 아이들 입장에서 보면 해야 할 집안일이나 심부름이 늘어나는 셈이 된다. 또한 무엇이든지 조금 더 절약하는 습관을 몸에 익혀야 했다. 이는 라이프 스타일을 바꾸는 것과 마찬가지였고 그러했기에 처음에는 불평이 생길 수밖에 없었다. 하지만 그들은 가족회의를 열어 지금의 상황이 어떠한지에 대해 이야기를 많이 나누었으며, 이를 통해 가족 모두가 한 팀처럼 노력하고 다른 자질구레한 일들도 씩씩하게 잘하기로 결정했다.

수잔은 광고 분야에 경력이 있었기 때문에 친구의 도움으로 독립 광고회사의 이사 대우 *Administrative Assistant* 직을 얻을 수 있었다. 그 회사에서 6년 동안 일하면서 그녀는 고객담당 임원 자리까지 오르게 되었고 각종 혜택을 포함하여 연간 60,000달러의 연봉을 받게 되었다.

하지만 1년 전 그 회사는 갑자기 사정이 안 좋아졌고, 직원 수를 줄여야만 했다. 직원 수가 줄었다고 해서 일거리가 주는 것은 아니었기 때문에 남아 있는 사람들의 업무량은 그만큼 더 늘어날 수밖에 없었다. 수잔 역시 과도한 업무량에 시달렸고 점점 견디기 힘들어졌다. 과중한 업무에 시달리던 그녀는 앞으로도 그 회사를 더 다닐 것인가, 아니면 그만둘 것인가 둘 중에서 하나를 선택해야만 했다. 그녀는 머무는 쪽을 선택했다.

그렇지만 그러한 그녀의 결심에도 불구하고 그 회사는 최근에 다른 대기업에 매각되고 말았다. 불행히도 그 바람에 그녀의 자리가 사라질 판이었다. 그녀의 입장에서는 회사의 제안을 받아들일 수밖에 없었다. 그 제안은 4주의 유급 휴가를 받고, 6주치의 월급인 11,500달러를 받고 고용계약을 끝내기로 하는 것이었다.

하지만 수잔은 자기 분야에서 누구보다도 훌륭하다는 평판을 듣고 있었기 때문에 곧바로 다른 회사에서 그녀를 데려가려고 접근했다. 남편 데이비드 역시 그녀를 격려하면서, 어느 회사로 옮길지 결정하기 전에 일단 시간을 가지고 심사숙고해 보라고 이야기했다.

"당신이 잠시 회사를 쉰다고 해서 우리가 경제적으로 그리 큰 타격을 입는 것도 아니고, 퇴직한 후의 계획에 지장을 주는 것도 아니잖아. 힘내자고!"

수잔은 앞으로 7년쯤 뒤에 회사에서 은퇴를 하고, 그 즈음 데이비드도 어느 정도 일선에서 물러나 비상근 근무를 할 계획이었다. 그때쯤이면 아이들은 이미 대학을 졸업할 것이고 직장도 잡고 결혼도 할 것이다. 그러면 수잔과 데이비드는 여유롭게 여행도 할 수 있고 무언가 다른 일을 시작할 수도 있으리라 생각했다. 지금 당장은 조금 힘이 들지도 모르지만 결혼 25주년 기념식을 할 때쯤에는 정말 멋지게 살 수 있으리라고 생각하며 수잔은 희망에 부풀어 있었다.

그러던 어느 날 수잔은 따듯하고 맑은 날씨를 즐기며 정원을 거닐고 있었다. 화창한 날씨에 마음까지 즐거워졌고, 잠시나마 회사를 쉬는 것이 얼마나 행복한 일인지를 생각하고 있었다. 정원을 한가롭게 거닐고 있는데 문이 열리는 소리와 함께 아론의 모습이 보였다. 그의 얼굴에는 무언가 어두운 기색이 드리워져 있었다.

아론은 그녀를 보자마자 급히 달려와서는 회사 밖에 나가 있다가 데이비드와 점심을 함께 먹으려고 사무실에 돌아갔는데, 데이비드가 사무실 바닥에 쓰러져 있었다고 말했다. 아론이 데이비드를 발견했을 때 데이비드의 심장은 이미 박동이 멈춘 상태였다. 즉시 구급차를 부르고 데이비드를 병원으로 이송했지만, 그는 병원으로 가는 앰뷸런스 속에서 그만 사망했다고 했다.

수잔은 아론이 하는 말을 도저히 믿을 수가 없었다. 너무나 충격을 받은 나머지 아론이 하는 말이 귀에 전혀 들어오지 않았으며 그 말이 무슨 뜻인지조차 가늠할 수 없었다. 아론이 무언가 말을 계속 하고 있었지만 그녀는 아무것도 들을 수 없었다. 그녀는 마음속으로 계속 이렇게 중얼거리고 있었다.

'아니야, 그는 죽지 않았어. 죽었을 리가 없어!!'

그녀는 당장 병원으로 달려갔다.

아론과 수잔이 병원에 도착했을 때, 의사는 수잔에게 데이비드가 심각한 심장질환으로 고통을 받고 있었다고 이야기했다. 잠시 후 아론과 수잔은 차갑게 굳어진 데이비드의 시신을 볼 수 있었고, 수잔은 데이비드를 보자마자 그 앞에 주저앉아 오열했다. 늘 활기가 넘치던 남편이 바로 앞에 숨을 쉬지 않는 채로 누워 있었다. 사랑하는 남편이자, 최고의 친구였던 그의 그런 모습을 보며 수잔은 마음이 찢어지는 것 같았다. 그녀는 일어날 생각도 못하고 계속 그 자리에 쓰러져 감정에 북받쳐서 울고 또 울었다.

아론은 그녀를 집으로 데려갔고, 집에는 소식을 듣고 학교에서 달려온 딸이 있었다. 그는 수잔의 아들에게도 집으로 돌아오라고 연락했다. 그리고 그녀의 가까운 친구들에게 장례식 날짜와 장소를 연락해두었다. 아론이 이런저런 일을 처리하는 동안에도 수잔의 마음에는 고통과 슬픔만이 가득했다. 물론 그녀 스스로도 어서 슬픔에서 벗어나야 한다고 생각했지만 자신을 어쩔 수가 없는 상태였다. 그녀는 아이들과 앞으로 어떻게든 함께 살아가야 한다는 것을 잘 알고 있었다.

장례식이 끝난 후 며칠이 지나자 수잔은 어느 정도 피로를 회복하긴 했지만 정신적으로는 여전히 슬픔에서 헤어나지 못하고 있었다. 그럭저럭 기운을 차려서 친구들을 만나 이야기를 나누기도 하고, 데이비드의 사업과 관계된 사람들을 만나기도 했지만 모든 것이 비현실적으로 느껴질 뿐이었다.

아론은 월요일에 전화를 해서 회사 회계사가 그녀를 수요일에 만나고 싶어한다는 이야기를 꺼냈다. 아론도 함께 말이다. 그녀가 재정적인 문제와 관련해서 어떤 개인적인 결정을 내리기 전에 함께 모여 회사와 관계된 다양한 상황들에 대해 토론해야 할 필요가 있었던 것이다. 그녀도 물론 회사의 공문서들을 정리하고, 회사의 재정적인 문제들에 관해 논의할 필요가 있다는 사실을 잘 알고 있다. 그 회의를 피할 수 없다는 것을 잘 알고 있었지만 한편으로는 섭섭한 마음이 드는 것을 어쩔 수 없었다. '왜 이렇게 빨리, 데이비드가 죽은 지 얼마나 됐다고 이렇게 서둘러야만 하는 것일까? 라고 말이다.

수요일이 되어, 그녀는 아론과 함께 회계사를 만나러 갔다. 가는 도중 아론은 그녀에게 사업 전반에 걸친 대략적인 이야기를 했지만, 그녀에게는 마치 다른 나라의 얘기처럼 들릴 뿐이었다. 듣고 있긴 했지만 무슨 소리인지 도무지 하나도 알아들을 수가 없었다. 그녀는 여전히 심한 충격에서 헤어나오지 못했기 때문이다.

약속 장소에 도착하자 회계사는 회사의 재정적인 상황을 보고했고, 그녀는 뭔가 감정이 붕 뜨는 것 같은 느낌이 들었다. 수많은 얘기들에 집중을 하기도 어려웠을 뿐더러, 어떤 것이 정확한 사실인지 파악하기도 힘들었다. 수잔은 회계사의 말을 들으면서 사실을 파악하려 애썼다.

- 4년 전에 데이비드와 아론은 300,000달러 한도의 대출 신용장을 개설했다. 아론의 말에 따르면, 그와 데이비드는 컴퓨터 장비들을 업데이트 *update* 하느라고 신용한도의 상한선까지 모두 대출받아 썼다는 것이다. 컴퓨터 장비들이 있으면 경쟁업체에 비해 경쟁력이 생기고 당장이든 앞으로든

매출도 증가할 거라고 예상했다. 하지만 불행히도, 첫번째 공사를 따낸 후 상가 시장은 갑자기 침체기에 접어들었고 급기야 불황에 빠지게 되었다.

다행히도 앞으로 30일 후면 신용한도를 갱신할 수 있고, 그러면 일단은 어느 정도 여유가 생길 거라고 생각했다. 그렇지만 회사의 수입이 감소했기 때문에 은행은 신용한도의 갱신을 거절했다. 300,000달러는 고스란히 빚으로 남았고, 수잔은 그 빚의 절반에 해당하는 150,000달러를 갚아야 할 상황에 처해 있다.

수잔은 이 사실을 듣고 무언가에 머리를 얻어맞은 듯한 큰 충격을 받았다. 그녀가 알기로 데이비드와 아론은 500,000달러짜리 생명보험에 들었고 그 보험금이면 이 문제를 해결할 수 있으리라 생각했다. 수잔은 아론에게 보험회사에서 왜 이런 상황을 해결해주지 않는 것이냐고 물었다.

- 회계사는 그 생명보험은 1년 전에 해약되었다는 사실을 그녀에게 이야기해주었다. 데이비드와 아론은 회계사에게 매

달 들어가는 보험료가 너무 부담스럽다며 보험을 해약하라고 지시했던 것이다.

수잔은 데이비드가 왜 자신과는 한마디 상의도 없이 생명보험을 해약해버렸는지 정말이지 이해할 수가 없었다.

• 아론은 데이비드가 300,000달러짜리 개인 생명보험도 해약했다고 말했다. 데이비드는 매달 보험료를 납부할 만한 여력이 없었던 것이다.

그녀는 그의 유품들을 정리하며 나왔던 개인 서류함에서 왜 보험증서들을 찾을 수 없었는지를 그제야 알게 되었다. 그녀는 정말이지 믿을 수가 없었다. 데이비드가 땡전 한 푼 없이 두 아이만 덜렁 남겨 놓고 그녀를 떠나갔다는 사실을 말이다. 그는 이런 사실들을 아론에게는 이야기했으면서 왜 그녀에게는 말하지 못했을까? 그렇지만 그 대답을 아는 사람은 아무도 없었다.

• 회계사는 데이비드가 28,000달러 정도의 신용카드 빚을 지

고 있다고 말했다.

데이비드는 그녀에게 회사 돈을 조금 '끌어다' 쓰는 것이라 설명하면서 다달이 그녀에게 1,500달러, 혹은 그보다 조금 많은 돈을 살림에 쓰라고 주었다. 하지만 사실 그 돈은 신용카드 서비스로 조달한 돈이었던 것이다. 수잔은 이 모든 사실을 받아들이기가 너무 힘들었고 격앙된 감정을 주체할 수가 없었다. 화가 나는 한편 실망스럽기도 했고, 또 너무나 당혹스러워서 쏟아져 나오는 눈물을 막을 수가 없었다.

'데이비드는 왜 이 모든 사실을 나에게 이야기하지 않은 것일까? 이렇게 어려운 문제들을 떠안고 나한테 숨기느라 혼자 얼마나 전전긍긍했을까?

그녀는 경제적으로든, 정신적으로든 그를 더 많이 도왔어야만 했다는 자책감이 들기 시작했다.

'우리는 언제 어디서나 무엇이든 함께 하는, 세상에서 가장 가깝고 친한 사이가 아니었던가? 이렇게 힘들었으면서 왜 나에게는 새 직장을 구할 때까지 잠깐 쉬라고 말했던 걸까?

모든 것이 의문투성이였지만, 이제 그녀 곁에는 이 질문에 대답해 줄 데이비드가 없었다. 아론은 그런 그녀를 위로하면서 이렇게 말했다.

"데이비드를 이해해주세요. 아마 당신이 걱정할까봐 이런 재정적 상황을 말하지 않았을 거예요."

수잔은 이제부터 정신을 똑바로 차리고 아이들과 함께 삶을 꾸려 나가야 한다고 생각했다. 하지만 당장 무엇을 어떻게 시작해야 하는지 알 수가 없었다. 데이비드가 남겨놓고 간 빚은 산더미 같았지만, 그녀는 그 돈을 갚을 길이 없었다.

'어떻게 그이가 나에게 이럴 수 있지?

어떻게든 살아나가야 된다고 생각하면서도 한편으로 남편이 원망스러운 마음이 드는 것은 어쩔 수 없었다.

회계사는 그녀에게 사업은 거의 파산 지경에 이르렀다고 말했다. 그리고 세금 등과 관련된 정보를 '누가, 무엇을, 언제, 어디서, 어떻게, 왜, 그리고 얼마나'의 원칙에 입각해서 자세하게 설명해주었다. 회계사는 그녀에게 자신이 제공한 정보들을 검토해 보라고 재안했다. 생활비는 그녀가 관리했으므로, 회계사는 일단 수잔에게 가계 지출을 완벽하게 분석한 자료를 달라고 요청했다. 그러면 그는 세금 공제 등을 비롯한 여러 추가적인 자료를 검토할 것이고, 그 후에 그들은 그녀의 변호사와 함께 그녀의 재정 상태를 고려할 때 어떤 결정을 내려야 가장 좋을지를 숙고할 것이다.

수잔은 회계사에게 필요한 자료를 이틀 내에 준비해서 가져오겠다고 말했다. 그녀는 모든 사실을 완벽하게 파악하기 전까지는 아이들에게 이런 경제적 상황을 알리지 말아야겠다고 결심했다.

다음날 그녀는 거실에 혼자 조용히 앉아서 자신에게 닥찬 상황을 다시 한 번 되돌아보았다. 수잔은 회계사에게 얻은 정보들을 차근차근 종이에 써 보았다. 그리고 회계사와 나눈 대화 중에서 명확하지 않았던 부분들을 가려 모았다. 그녀에게는 현재 상황을 좀더 명확하게 정리해줄 만한 체계적인 방법이 필요했다. 그녀는 '문제를 분석하고 해결하기 위한 10단계 가이드(15page 참고)' 를 기억해냈으며, 그것을 이 문제에 활용해 보기로 했다.

그녀는 우선 문제가 있다는 것을 인식하는 1단계부터 시작했다. 회계사와 아론은 그녀에게 구두로 일련의 정보들을 주었고 회사의 재정적인 상황이 요약된 문서를 보여주기도 했다. 그녀는 그 자리에서 남편이 각종 보험들을 모두 해약했다는 말도 들었다. 이는 확실히 문제였다.

그녀는 계속해서 배경 요소를 분석하고 문제를 한 문장으로 기술하는 2단계를 실시했다. 그녀는 회사의 재정상태와 관련해서 회계사가 알려준 배경 요소들을 사실과 의견으로 분류하면서 검토하고 조사했다. 그녀는 일단 지금 닥친 문제를 모호하고 막연한 언어로 기술해 보았다.

「데이비드는 회사와 빚을 남기고 나를 떠났다. 나는 무엇을 해야 할지 모르겠다.」

수잔은 그리고 나서 즉시 문제의 존재를 확인하고 증명할 데이터를 수집하는 3단계에 들어갔다. 우선은 무슨 일이 일어났어야 했는지(데이비드와 아론이 자신들의 처음 결정대로 행동했을 경우)와 실제로는 무슨 일이 일어났는지(계획을 수정한 결과) 사이에 얼마만큼의 편차가 있는지를 알아볼 필요가 있었다(〈표 6-1〉을 보라). 또한 이러한 기준에 맞추어서 데이비드 개인의 재정적 결정도 따져 봐야 했다(〈표 6-2〉를 보라).

〈표 6-1〉 사업과 관련된 데이비드와 아론의 재정적 결정

1. 은행 신용한도 300,000달러

- 무슨 일이 일어났어야 했나 : 그들은 전체 신용한도에서 25% 이상 쓰지 말았어야 했다.
- 실제 무슨 일이 일어났나 : 아론과 데이비드는 신용한도 300,000달러 모두를 대출해 써버렸다.
  ⇒ 이 둘 사이의 편차 : 75%

2. 동업자 생명보험

- 무슨 일이 일어났어야 했나 : 500,000달러짜리 보험을 유지했어야 했다.
- 실제 무슨 일이 일어났나 : 500,000달러짜리 보험이 해약되었다.
  ⇒ 이 둘 사이의 편차 : 100%

〈표 6-2〉 데이비드 개인의 재정적 결정

1. 데이비드의 신용카드 빚

• 무슨 일이 일어났어야 했나 : 생활비를 충당하기 위해서
신용 카드를 사용하지 말았어야 했다.
• 실제 무슨 일이 일어났나 : 28,000달러의 빚이 생겨버
렸다.
⇒ 편차 : 100%

2. 개인 생명보험

• 무슨 일이 일어났어야 했나 : 300,000달러짜리 보험을 유
지했어야 했다.
• 실제 무슨 일이 일어났나 : 300,000달러짜리 보험을 해약
했다.
⇒ 편차 : 100%

수잔은 이 분석을 통해 둘 사이의 편차가 아주 크다는 것을 알
았고, 문제가 존재한다는 사실을 증명했다. 그렇지만 이러한 자

료들이 문제의 원인을 밝혀주는 것은 아니었다.

'도대체 왜 원래 계획이 변경되었을까?

수잔은 그런 의문이 들었고, 이 의문이 바로 문제의 원인이 었지만, 그녀로서는 이 질문에 답을 할 수가 없었다.

수잔은 **추가적인 정보를 수집하는 4단계**를 진행했다. 이번에는 자기의 개인 재정상황을 정확히 하는 데에 초점을 맞춰야 했다. 그녀는 컴퓨터를 켜고 그간의 씀씀이를 기록해둔 가계부 파일을 열어 보았다. 가계부 파일에서 또 다른 정보들을 수집할 수 있었다.

현재 집세 등을 포함해서 살림을 꾸러가는 데 드는 생활비는 한 달에 1,850달러 정도다. 그리고 추가적으로 대학생 아들의 방세가 200달러 들었다. 그녀의 아들은 운동선수들에게 주는 전액 장학금을 받고 대학을 다니고 있으며 용돈도 아르바이트를 해서 스스로 충당하고 있었다. 그리고 딸 역시 국가가 지급하는 사회보장해택으로 매달 400달러를 받을 예정이기 때문에 딸에게도 따로 돈이 들어가지는 않을 것이다. 그 외에 식료품 구입, 세탁비, 가솔린, 그리고 수잔의 개인적인 지출에 대략 1,000달러 정도가 들었다. 이러한 지출을 요약해 본 결과, 그녀와 아이들이 한달을 사는 데는 약 3,050달러가 필요하다는 결론이 나온다.

수잔은 적금통장 *money market account*에 15,000달러, 당좌 예금통장 *checking account*에는 1,250달러의 잔고가 있다는 것을 확인했다. 그리고 데이비드가 해약하지 않은 생명보험이 하나 있었는데, 그 보험금이 10,000달러 있었다. 데이비드의 장례식 비용과 병원비도 꽤 들었지만 그것은 의료보험으로 충당했다. 수잔의 노후연금은 20,000달러 정도 된다. 그녀는 이러한 자료를 회계사에게 팩스로 보내주었고, 이로써 회계사는 가계 재정상황과 사업의 재정상황을 모두 취합하여 문제해결의 자료로 활용할 수 있게 되었다.

또한 그녀는 보험설계사에게 전화를 걸어, 어떻게 데이비드가 그녀도 모르게 보험을 해약할 수 있었는지를 물었다. 그 보험설계사는 데이비드의 명의로 된 보험은 물론이고 수잔이 보험금의 수혜자로 되어 있는 보험들이라고 하더라도 다달이 보험금을 지불하는 사람은 데이비드였기 때문에 가능한 일이라고 설명했다. 보험계약의 당사자인 데이비드는 아내의 동의가 없어도 보험을 해약할 수 있는 것이다. 그렇지만 수잔은 지금까지 그런 사실을

까맣게 모르고 있었다. 보험설계사나 남편 데이비드, 그 누구도
보험약관에 그런 내용이 있다는 사실을 알려주지 않았다.

그녀의 눈에는 또 다시 눈물이 흘렀다. 그녀에게는 직업도, 고
정 수입도 없었다. 게다가 혼자서 두 아이를 책임져야만 했다. 그
녀는 마음을 굳게 먹기로 결심했다. 이 모든 일들을 침착하게, 그
리고 객관적으로 바라보고 직접 꼼꼼히 처리하는 것에 모든 에너
지를 쏟아야 한다. 그녀는 감정의 함정에 빠져 허우적거리지만
않는다면 잘 해나갈 수 있으리라 생각했다.

그러나 지금 당장 그녀에게는 휴식이 절실했다. 너무 엄청난
일들이 한꺼번에 일어났고, 충격에서 벗어나 자신을 추스르기 위
해서는 시간이 필요했던 것이다. 그녀는 혼자 있고 싶었고, 힘을
충전할 무언가가 필요했다. 수잔은 일단 아이들에게 이 상황을
설명했다. 물론 그녀도 데이비드가 '왜' 그런 결정을 내렸는지는
설명하지 못했지만 말이다.

수잔의 설명을 듣고 그녀의 아들은 학교를 1년 휴학하고 돈
을 벌겠다고 말했다. 아들의 이야기에 수잔은 무슨 일이 있어도
학교는 계속 다녀야 한다고 했다. 아무리 생활이 어려워도 두

아이들에게는 절대로 부담을 주고 싶지 않았다. 또한 스스로에게 아이들까지 희생시키지는 말자고 다짐하고 또 다짐했기 때문이다.

그녀는 일단은 당장 살아남기 위해서 해야 하는 일과 우선적으로 관리해야 하는 문제들에 힘을 쏟기로 결정했다. 일단 데이비드가 남긴 은행 빚을 어떻게 갚아야 할지 생각했다. 그녀는 가급적 빨리 직장을 구해서 다시 일을 하고 돈을 벌어야 한다. 그렇지 않으면 지금까지 저축해놓은 돈마저 다 날아갈 판이다. 그로부터 일주일 후, 전에 함께 일하자고 접근했었던 회사들에 수잔은 전화를 걸기 시작했다. 그렇지만 한 회사를 제외하고는 모두 채용을 마감한 상태였다. 마지막 남은 한 회사가 그녀의 유일한 희망이었다.

인터뷰를 잘한 덕분에 다행히도 그녀는 그 자리에서 일할 수 있게 되었다. 그 회사에서 일하는 사람들은 거의 모두 면식이 있는 사람들이었고, 비록 고객과 일을 처리하는 절차 등에는 다소 차이가 있었지만 업무 자체는 전반적으로 익숙한 것이었다. 이는 분명한 변화이기는 하지만 그리 큰 문제는 아니었다. 그녀는 각종 혜택과 더불어 연봉으로 62,000달러를 받기로 하고, 2주 후부터 출근하기로 했다.

수잔은 집에 관해서는 모든 결정을 뒤로 미루기로 정했다. 집세는 새로 출근하는 직장의 수입으로 충당할 수 있기 때문이다. 일을 하지 못하는 상황에 처한다면 모를까 그러지 않고서는 집을 파는 일은 없을 것이다. 그녀는 어떻게 해서든 집을 꼭 지키고 싶었다.

수잔이 새 직장에 출근한 지 1주일쯤 되었을 때 아론에게서 전화가 왔고, 그는 급한 일이라며 그녀에게 만나자고 했다. 그 자리에는 회계사와 그녀의 변호사도 참석할 예정이라고 말했다.

"일단 제가 보여드릴 제안서는 작성했습니다. 자세한 사항은 만나서 말씀드리도록 하지요." 아론의 말에 수잔은 그러자고 동의했다.

만나자마자 아론은 여러 가지 이야기를 했다.

"그동안 대출금 상환기한을 연장하기 위해서 은행 관계자와 여러 가지 이야기를 많이 했습니다. 다행히도 얼마 전에 2건의 새로운 주택 공사를 따낼 수 있었어요. 공사는 다음 달에 시작해서 4달 후에 완공하기로 했고, 은행 측은 이 수주를 175,000달러 정도의 가치로 평가했습니다. 은행 측은 대출금 상환기한을 6달 연장해주겠다고 제안했고, 48시간 내에 당신과 제가 확고한 동업자 관계라는 것을 최종적으로 확인하는 사인을 하면 은행과 연장 계약을 할 수 있게 되는 겁니다.”

아론은 수잔에게 다음의 옵션 두 가지를 보여주었다.

옵션 *OPTION* 1.

데이비드의 동업자 자격을 유지시키면 회사 수익의 반을 획득할 수 있다. 그러기 위해서는 수잔이 자기 일을 하면서라도 파트타임으로 아론과 함께 일을 해야 한다. 그녀는 마케팅 개발과 세일즈 프로그램 개발 업무를 맡게 될 것이며, 경영상의 업무도 보조해야 한다. 빚을 모두 상환한 후에는 이익금을 배당받을 수 있다. 그 금액은 차후에 결정한다.

아론은 현재 연간 4,000,000달러 이상으로 평가되는 계약을 발주하는 주거용 빌딩 회사 5개와 협상 중에 있으며, 추가적인 계약 성사도 가능하다.

옵션 OPTION 2.

그녀가 가진 동업자 권리를 모두 아론에게 넘길 경우, 아론이 그녀 몫의 부채인 150,000달러를 비롯한 다른 사업상의 지출도 모두 감당할 것이다. 또한 그는 창업 당시 투자했던 개발비용을 상환하는 식으로 다음해에 25,000달러를 지급하고, 향후 3년 간 75,000달러를 지급할 것이다(이는 초기 투자금액에 비하면 적은 액수지만, 집기 등을 산 지 꽤 많은 시간이 지났고 그것들은 이제 중고라는 것을 생각하면 그리 적은 금액은 아니다). 지급 날짜는 앞으로의 회사 수입에 따라 결정한다. 이 경우 수잔은 더 이상의 어떤 수당도 받을 수 없으며, 동업자가 가지는 모든 재정적, 법적 책임으로부터 벗어나게 된다.

수잔은 이 두 가지 옵션 중에 하나를 48시간 이내에 결정해야만 한다. 그녀는 수집한 데이터를 재검토하고 요약하는 5단계를 이용하여 이 두 경우를 분석했다. 그녀는 아론에게 받은 모든 자료를 모아서 요약하고 치밀하게 따져 보았다. 또한 회계사와 은행 측이 제공하는 자료들도 모두 모아서 확인했으며 완벽하게 계산을 마쳤다. 그녀는 그러고 나서 데이터를 평가하는 6단계로 넘어갔다. 그녀가 평가하기에 이 데이터들은 남편이 남긴 빚더미에서 그녀를 구해내줄 구명보트나 다름없었다.

그녀는 계속해서 문제해결을 위해 할 수 있을 만한 행동들을 문장으로 적어 보는 7단계를 실행했다. 아론이 제시한 두 가지 옵션을 앞에 두고, 결정을 내리기 전에 그녀는 이렇게 써 보았다.

「내가 동업자로서 회사 이익의 절반을 받아야 하나,
아니면 나의 모든 권한을 아론에게 양도해야 하는가?」

이렇게 쓴 다음 수잔은 문제해결책이 반드시 충족시켜야 하는 기준을 명확하게 정하는 8단계를 실시했다. 그녀는 '현재 진 빚 150,000달러는 더 이상 증가하면 안 된다' 라는 기준을 세웠다.

다음으로 그녀는 문제해결을 위한 옵션을 만드는 9단계에 돌입했다. 은행 측은 그녀에게 48시간밖에 주지 않았기 때문에, 더 이상 머뭇거릴 여유가 없었다.

옵션 1은 수잔에게 회사 수익의 절반을 줄 것이다. 긍정적인 면을 살펴보자면 만약 사업이 1년 혹은 2년 이내에 되살아나고 확장될 경우, 그녀 역시 투자한 것의 두 배에 달하는 수익을 얻을 수 있게 된다. 그리고 그때 가서 동업자의 권리를 다른 사람에게 팔면, 초기에 투자했던 280,000달러를 모두 되돌려 받을 수 있을 것이다.

하지만 옵션 1은 문제점도 가지고 있다. 만약 아론이 새로운 계약을 성사시키지 못한다면 사업은 어려워질 테고, '절반의 수익'을 지키기 위해 집을 팔아야 할지도 모른다. 게다가 그녀는 심정적으로도 남편이 하던 사업에 참여하고 싶은 생각이 별로 없다. 그녀는 그저 새로운 직장에 다니면서 딸과 함께 더 많은 시간을 보내고 싶을 뿐이었다. 또한 과거에 아론과 데이비드가 바람직하지 않은 재정적 결정을 내린 적이 있다는 사실을 고려할 때, 위험부담은 더욱 크게 느껴졌다.

옵션 2는 동업자가 가지는 절반의 권리를 모두 아론에게 넘겨주는 것이다. 이 경우 그녀는 150,000달러의 빚을 청산할 수 있게 될뿐더러 혹시 미래에 생길지도 모르는 사업상의 또 다른 부채와 의무도 사라진다. 또한 사업이 잘 풀리면 내년에는 25,000달러, 그리고 향후 3년 동안에는 75,000달러를 받을 수 있다. 그렇지만 처음에 동업을 시작하면서 투자했던 280,000달러를 모두 되돌려 받지는 못하는 셈이다.

옵션 2의 단점이라면 사업이 실패할 경우, 그녀가 받기로 했던 25,000달러와 75,000달러를 합한 금액인 100,000달러를 전혀 받지 못할 수도 있다는 것이다.

수잔은 마지막으로 문제해결을 위해 더 나은 옵션을 선택하는 10단계를 실시했다. 그녀는 결국 옵션 2를 선택했다. 아론에게 동업자의 권한을 모두 양도한 것이다. 이는 '빚이 더 이상 증가해서는 안 된다'는 자신의 기준에 맞는 결정을 내린 것이다.

운용분석의 프로세스는 수잔이 감정적인 상처에 휩쓸리지 않고 문제를 똑바로, 그리고 객관적으로 바라볼 수 있도록 도와주었고, 결과적으로 올바른 결정을 내릴 수 있도록 해주었다. 당사자인 데이비드가 문제만 남겨놓고 죽었기 때문에 수잔은 문제의 원인을 파악할 수 없었다. 그렇지만 그녀는 운용분석을 활용한 덕분에 원인을 알지 못하는 상황에서도 데이터를 수집하는 데에 정신을 집중할 수 있었고, 빠른 결정을 내릴 수 있었다.

꾸준한 연습이 습관을 만든다

'연습'이라는 단어를 생각하면, 어떤 일을 계속적으로 반복하는 모습이 머릿속에 떠오르는가? 그래서 그 일이 자연스럽게 사고방식의 일부분으로 습관처럼 굳어지는 것이 떠오르는가? 운용차원의 언어와 비운용차원의 언어 사이의 차이를 구별해내는 능력은 연습을 통해 증진시킬 수 있다. 그리고 바로 이 능력이 문제 해결의 열쇠다. 이 능력은 선천적으로 주어지는 것이 아니라 꾸준한 연습을 통해 증진시키고 다듬어 나갈 수 있다. 여기에 그 능력을 증진시킬 수 있는 연습 방법이 세 가지 있다.

1. 앞에 나온 6개의 이야기를 다시 살펴보라.

- 문제를 애매하게 서술한 부분이 있었나? 추가적인 질문을 하고 싶은 부분이 있었나?

  그 질문은 당신의 믿음을 강화하기 위한 것인가? 아니면 객관적인 것인가?

  당신은 그 질문에 대한 답을 명확하고 분명한 언어로 정의할 수 있는가?

2. 개인적으로, 혹은 업무와 관련해서 당신은 어떤 식으로 의사소통을 하고 있는지 점검하라.

- 가정에서 일상적인 의사소통을 하거나 개인적인 문제들을 이야기할 때와 회사에서 사업상의 대화를 할 때, 둘 중 어느 경우에 비운용차원의 언어를 더 많이 사용하는가? 가정에서 인가?

- 당신은 언제, 어디서, 그리고, 왜 비운용차원의 단어를 사용하는가?

어떤 상황을 설명할 때 형용사와 부사를 사용해서 그림을 그리듯 보여주려고 노력하는가? 아니면 명확한 명사와 생생한 동사들로 정확하게 표현하려고 노력하는 편인가?

* 당신은 운용차원의 언어, 혹은 비운용차원의 언어를 사용하는 데에 어떤 패턴을 지니고 있는가?

3. 대중매체를 관찰하고 유심히 들어 보라.

* 대중매체를 통해서 사람들이 어떤 사건에 대해 말하거나 찬반을 표명할 때 어떤 식으로 말하던가? 사실적인(운용차원의) 언어를 사용하던가, 아니면 감정적인(비운용차원의) 언어를 사용하던가?

옮긴이의 글

너희 중의 누가 망대를 세우고자 할진대 자기의 가진 것이 준공하기까지에 족할는지 먼저 앉아 그 비용을 계산하지 아니하겠느냐. 그렇게 아니하여 그 기초만 쌓고 능히 이루지 못하면 보는 자가 다 비웃어 이르되 이 사람이 공사를 시작하고 능히 이루지 못하였다 하리라.

또 어떤 임금이 다른 임금과 싸우러 갈 때에 먼저 앉아 일만 명으로써 저 이만 명을 거느리고 오는 자를 대적할 수 있을까 헤아리지 아니하겠느냐. 만일 못할 터이면 그가 아직 멀리 있을 때 사신을 보내어 화친을 청할지니라.

누가복음 14장 28절~32절

우리는 살아가면서 수많은 문제에 봉착하고 시시때때로 선택의 기로에 서게 된다. 그럴 때마다 '문제를 해결할 수 있는 방법이 나에게 있는가? 있다면 그 방법은 무엇인가? 선택의 기로에서 있을 때 내가 선택할 수 있는 옵션은 과연 몇 개나 될까? 만약 복수의 옵션이 있다면 그 가운데서 무엇을 선택해야 나중에 조금이라도 덜 후회할 것인가?' 등등에 대해 누구라도 한 번쯤은 생각해 보았을 것이다.

그렇지만 이를 생각에서 끝내지 않고 착실하게 해결방법을 모색하고 학습하여 자신의 삶에 적극적으로 응용하고 실천함으로써 보다 현명하게 문제를 해결하고 의사결정을 내리려고 노력하는 사람들은 그리 많지 않은 것 같다. 실리實利보다는 명분名分만을 추구하고 개념적 · 추상적 · 당위론적 · 주관적으로 생각하는 것이 만연한 사회 분위기 속에서 구체적 · 실제적 · 객관적으로 요목조목 따져가며 문제를 해결하고 의사결정을 하는 사람이 얼마나 되느냔 말이다.

일단은 각자 지금 문제해결과 의사결정을 어떤 사고체계를 바탕으로 하고 있는지부터 점검해 봐야 한다. 명분, 아니면 실리라는 단순한 이분법적 사고체계로는 문제를 올바르게 해결할 수도 없으며 현명한 결정을 내릴 수도 없다. 처음에 인용된 성경구절은 건축을 하는 사람은 당연히 집을 짓기 전에 건축에 필요한 비용을 차근차근 계산하고, 자신이 그 재정을 확보할 수 있는지를 계산해 봐야 한다는 의미다.

이처럼 문제의 본질을 객관적으로 바라보고 또 그 문제를 해결하기 위해 자신이 할 수 있는 일은 무엇인지를 이성적으로 판단해야 올바른 해결법에 도달할 수 있다. 이제 명분과 실리를 동시에 추구하는 통합적인 사고체계로 과감하게 전환해야 한다. 그리고 그 안에서 가장 적확한 문제해결방안을 찾아야 한다.

또, 그 문제가 타인과 연관되어 있는 것이라면 대화와 타협이 요구되기 마련이다. 대화와 타협이 원만히 이루어지기 위해서는 서로의 다양성을 인정해야 하는데 주관적인 명분을 앞세운 의견만 제시한다면 비생산적인 논쟁으로 흐르기 쉽다. 두번째로 인용된 성경구절은 전쟁에 나서기 전에 우선 전력과 전세를 예측해 보고 어떤 태도를 취할 것인지를 결정하라는 뜻이다. 상대와 의견충돌이 있을 때 무조건 감정적으로 대응할 것이 아니라, 관계를 해치지 않고 가장 합리적으로 문제를 해결할 방법을 찾으려는 태도가 필요하다.

대화와 토론의 장에 참석하는 사람은 주관적인 의견을 개진하기 전에 객관적인 사실과 근거를 제시하면서 보다 합리적이고 논리적으로 대화와 토론을 전개할 줄 알아야 한다. 그리고 서로가 만족할 수 있는 최상의 결론을 도출하려는 적극적인 자세도 절실히 요구된다.

이 책《바보들은 항상 문제가 뭔지도 모른다》에서는 '문제를 분석하고 해결하기 위한 10단계 가이드'로 요약되는 운용분석 프로세스를 제시한다. 또한 우리 모두가 살아가면서 겪을 수 있는 6가지 유형의 문제에 이 프로세스를 적용하여 문제를 해결하고 의사결정을 하는 과정을 설명함으로써 누구나 쉽게 실생활에 응용할 수 있도록 해놓았다.

운용분석 프로세스는 개개인들이 매일매일 겪게 되는 일상적이거나 특수한 문제를 해결하고 의사결정을 내리는 데에 유용하게 사용할 수 있다. 그리고 이와 더불어 작금의 참여정부가 내세우는 대화와 타협, 그리고 토론문화의 생활화에도 이 책은 확

실한 기여를 할 것으로 기대한다. 왜냐하면 자신의 느낌이나 편
향된 의견 위주의 감정적 언어·모호하고 막연한 언어가 난무
하는 토론의 장에서도 이 책에서 말하는 측정가능하고 체계적
인 사실들의 집합, 즉 운용분석의 프로세스는 반드시 필요하기
때문이다.

2003년 송 경 근

| 저자에 관하여 |

자넷 A. 그리버 *Jeanette A. Griver*

컨설팅과 교육을 주 업무로 하는 Compsych System Inc.의 창립자이며 최고경영자. 국제적인 컨설턴트로, 1964년부터 지금까지 전세계 50,000명 이상의 사람들에게 문제해결 기술과 의사소통 방법을 강연했다.
로스앤젤레스의 캘리포니아 대학에서 심리학 전공으로 학위를 받았으며 서던 캘리포니아 대학에서 인간 요소 심리학 석사학위를 취득했다.

미첼 W. 보드리 *Michele W. Vdrey*

컨설턴트이자 작가·편집자로 Compsych System Inc.에서 일하고 있으며 경영계·정계, 그리고 다른 전문분야에 있는 사람들을 위한 문제해결책을 실은 책, 《Applied Problem Analysis Plus》의 공동 편집자이다. 뉴욕 대학에서 영어와 극예술을 전공했다.

| 옮긴이에 관하여 |

송경근

한국 기업에 맞는 경영전략 수립과 경영혁신, 지식경영, 고객관계관리CRM, 정보시스템ERP 구축 등 기업 컨설팅 프로젝트를 전문적으로 수행하는 하나컨설팅그룹의 대표이다. 저서로는 《올바른 리더의 조건》이 있으며, 역서로는 《최고경영자 예수》,《최고 팀빌더 예수》,《행동이 척척, 여섯 색깔 신발》,《기적의 사명선언문》,《바보들은 항상 남의 탓만 한다》 등 다수가 있다. 현재 목원대 행정정보학과 겸임교수로 재직 중이다.

한언의 사명선언문

一. 우리는 새로운 지식을 창출, 전파하여 전 인류가 이를 공유케
　　함으로써 인류문화의 발전과 평화에 이바지한다.

一. 우리는 끊임없이 학습하는 조직으로서 자신과 조직의 발전을 위해
　　쉼없이 노력하며, 궁극적으로는 세계 최고의 출판사를 지향한다.

一. 우리는 정신적, 물질적으로 세계 초일류 출판사에 걸맞는 최고
　　수준의 복지를 실현하기 위해 노력하며, 명실공히 초일류 사원들의
　　집합체로서 부끄럼없이 행동한다.

저희 한언인들은 위와 같은 사명을 항상 가슴 속에 간직하고
양질의 책을 만들기 위해 최선을 다하고 있습니다.
독자 여러분의 아낌없는 충고와 격려를 부탁드립니다.

- 한언가족 -

Haneon's Mission statement

一. We create and broadcast new knowledge for the advancement of
the whole human race and world peace.

一. We do our best to improve ourselves and the organization, with
the ultimate goal of striving to be the best publishing company in
the world.

一. We try to realize psychological and physical welfare of the
highest quality, welfare that is fitting of the best publishing
company. Our employees are proud members of this outstanding
organization and behave in a manner that reflects our mission.

We, Haneon's members, always try our best to keep this
mission in mind and to produce good quality books.
We appreciate your feedback without reservation.

- Haneon family -